TIM HERZBERG

HALBE
SACHEN!

ERFAHRUNGEN EINES NEUROS

Für die Karotten

Impressum

Autor, Satz und Layout

Tim Herzberg

Titelbild

Aufgenommen im CT des Universitäts Klinikum Eppendorf am 11.10.2009

Herstellung und Verlag

BoD – Books on Demand, Norderstedt

ISBN 978-3-7322-3607-7

2. Auflage

© 2012 Tim Herzberg

mehr infos unter halbesachen.com

1. Ein Alptraum

Vorab, mir geht es super. Ich hatte allerdings ein wenig Pech. Am Morgen des 11.10.2009 bin ich aufgewacht und konnte meine linke Seite weder spüren noch bewegen, und das ohne irgendwelche Voranzeichen. Keine Kopfschmerzen, kein Bluthochdruck, nichts. Habe relativ wenig geraucht, einen Beutel in der Woche, hab selbst gedreht. Kein nennenswerter Alkohol-Missbrauch, abends mit meiner Frau einen Wein oder zwei auf dem Balkon, auf Partys gern auch mal mehr, hatte aber lange nicht mehr richtig übertrieben. Man wird halt erwachsen, und mit Anfang dreißig ist die Zeit der Delirium-Partys langsam aber sicher vorbei. Ich hatte ein wenig unverschämtes Glück im Unglück, denn ich hatte am Abend zuvor eine Reportage über Schlaganfälle bei jungen Menschen auf 3sat oder ZDF gesehen. Konnte daraus schließen: irgendwas ist mit meinem Hirn. Die Symptome waren eindeutig, genau wie in der Reportage beschrieben: halbseitige Lähmung ohne irgendwelche Schmerzen und das ganz überraschend. Vielleicht Schlaganfall, höchst unwahrscheinlich, aber nicht auszuschließen. Merkwürdigerweise hatte ich gerade über die neue Stroke-Unit im Universitätsklinikum Eppendorf (UKE) gelesen, ich glaube auf Spiegel-Online. Also meine beste Freundin Jessica angerufen, ihr Mann ist kräftiger gebaut. Er war American Footballer, und Sie hatte einen

Schlüssel zur Wohnung. Ans Sie kamen, haben mich dann angezogen, die drei Etagen runter getragen und mit dem Taxi dann ins UKE. Laut Jessica die langsamste Taxifahrt aller Zeiten. Ein Krankenwagen hätte mich ins AK Altona gebracht. In der Notaufnahme UKE hatte ich meinen Filmriss, der Rest ist also nur Hörensagen.

2. Tiefste Nacht im UKE

Meine Frau war am Flughafen Frankfurt beruflich auf dem Weg Richtung Philippinen als der Anruf bei ihr eintraf, wenn ich mich richtig entsinne. Sie nahm den ersten Flieger zurück nach Hamburg. Angeblich hat mir eine Schwester noch erklärt, dass mein Kopf gescannt wird und zwar nicht „mit Röntgen oder CT, wir haben das was ganz tolles Neues…". Ich dachte: „Aha, das UKE hat also auch schon einen Magnet-Resonanz-Tomographen (MRT)." Sie weiter: „ …Das ist ein großer runder Kasten, der ein bisschen wie eine überdimensionale Waschmaschine aussieht, und böse Geräusche macht." Ich war allerdings noch fit genug um ihr die Funktionsweise zu erklären. Das komplette Programm mit Atomspin, Drehimpuls-Erhaltungssatz und allem.

Ich wurde also gescannt. Erstmal nachschauen. Gefunden haben sie eine riesige Intrazerebrale Blutung (ICB), eine im Gehirn liegende Blutung. (Ist auf dem Titelbild des Buchs zu erkennen.) Ursache unbekannt. Im MRT, noch beim Tomographieren, gab es eine zweite, noch stärkere Blutung, die meinen Herzkreislauf und die Atmung lahmlegte. Ich wurde zuerst mit so einem Blasebalg beatmet und dann später intubiert. Also, Patient stabilisiert, was nun? Ich lag ein paar Minuten später im Operationssaal mit einem Bohrer auf dem Weg in meinen Schädel, bei der ersten Hirnoperation meines Lebens. Und es sollte nicht die Einzige bleiben.

Also erst mal eine Entlastungsoperation. Die Neurochirurgen haben den Überdruck abgelassen, damit meine Atmung wieder anspringt und das Herzkreislaufsystem wieder normal arbeitet. Check, alles gut. Haare einfach über das Loch kämmen. Geht nicht, hat die Schwester abrasiert. Na gut, dann einfach die Hautlappen wieder zusammen nähen. Danach ab ins Opiat-Nirwana. Ungefähr eine Woche später wurde ich aus der Narkose geholt und durfte einem Neurochirurgen die Hand drücken um zu sehen, ob es sich noch lohnt weiter zu operieren. Nicht, dass ich schon eine Karotte bin, und der ganze Aufwand umsonst ist. Eine Stunde Gehirnoperation ist ganz schön teuer. Ich war aber keine Karotte und konnte drücken. Schwach, aber eindeutig. Weiter ging es.

Später erklärte man mir, dass die zweite Blutung auch im Krankenwagen nicht zu überleben gewesen wäre. Hätte ich mich also im Bett umgedreht und gedacht „geht schon wieder weg", wäre ich jetzt tot. Das nenne ich mal perfektes Timing. Ich hatte dem Tod ein Schnippchen geschlagen, war aber noch nicht außer Gefahr.

Mittlerweile hatte ich auch einen klassischen Luftröhrenschnitt mit Trachealkanüle bekommen, ein Rohr, welches von vorne durch den Halsansatz führt und bis in die Luftröhre reicht. Somit werden lästige Bereiche umgangen wie Nase, Mund und Rachen, die gerne verstopfen, verschleimen oder sonst wie stören können. Und da meine Atmung aussetzte und nicht jemand die ganze Zeit da sitzen konnte um den Blasebalg zu quetschen, wurde ich maschinell beatmet. Ich hing wirklich an lebenserhaltenden Maschinen. Ganz schön gruselig.

Inzwischen hatte man rausbekommen, was die Ursache für die ICB war. In meinem Hirn hat sich pränatal (also schon vor der Geburt), als alles noch weich und formbar war, eine sogenannte AVM gebildet, eine Arteiovenöse Malformation. Und die war so klein, dass man sie im normalen MRT oder CT nicht hätte sehen können. Man hätte speziell genau danach suchen müssen und zwar mit Kontrastmittel. Also mein Leben lang eine Zeitbombe im Kopf gehabt und nichts davon geahnt.

Diese Malformationen entstehen, wenn sich eine Arterie (Hochdrucksystem) zu nah an einer Vene (Niedrigdrucksystem) befindet. Als Druckausgleich bildet sich ein Kapillar-Geflecht (auch Gefäßknäuel genannt), das hohem Druck nicht standhalten kann und gerne mal platzt. Dies geschieht öfter als man denkt. Aber wenn es in der Wade oder in der Hand passiert, bekommt man halt nur einen blauen Fleck. Im Hirn ist das wesentlich uncooler und führt in siebzig Prozent der Fälle zum Tod. Also in der weitesten Auslegung des Wortes doch ein Schlaganfall. Wikipedia: „Ein Schlaganfall ist eine plötzlich auftretende Erkrankung des Gehirns, die oft zu einem anhaltenden Ausfall von Funktionen des Zentralnervensystems führt und durch kritische Störungen der Blutversorgung des Gehirns verursacht wird. Was landläufig als Schlaganfall gemeint ist, wird Ischämischer Schlaganfall genannt. Die Ursache ist meistens eine Blutunterversorgung, meistens hervorgerufen durch ein verstopfendes Gerinnsel in Tateinheit mit Einengungen, die das Gefäß blockieren..." Nebenbei: 2009 haben 23.675 Menschen ihren Schlaganfall nicht überlebt! Ich gehörte zu den Glücklichen, die es schafften.

Nach dem Handschlag mit dem Neurochirurgen wurde ich in den Operationssaal zu meiner zweiten Gehirnoperation gerollt, Verödungsoperation genannt. Diese hatte folgendes Ziel: Entfernung der AVM. Dazu muss man großflächiger ran. Also wurde ein Teil meiner Schädelplatte entfernt, die nach erfolgter Operation mittels einer Art Pop-Niete namens Craniofix wieder an Ort und Stelle festgesetzt wurde. Drei Craniofix habe ich im Kopf. Und natürlich mein kleiner Clip, der die abgeschnittenen Arterienenden dicht hält. Die sind alle aus einer Titan-Legierung und nahezu magnetisch inert. Ich piepe also nicht am Flughafen beim Metalldetektor. Ich sollte aber supraleitende Höchstleistungsmagnete meiden, aber mit denen habe ich in meinem Alltag eher selten zu tun. Und nein, ich empfange auch kein Radio Eriwan. Nur diese Stimmen, die mir immerzu befehlen Würstchen zu essen... nein, nein, keine Angst, ich esse nur gerne Wiener.

Im Januar 2012, gut zwei quälende Jahre der Ungewissheit später, habe ich erfahren, dass die zweite Operation erfolgreich war. Keine Rückstände, keine Wiederholungsgefahr. Zwei Tage nach einer Kontrastmittel-Angiographie. Dabei wird einem bei vollem Bewusstsein im CT ein Katheter in die Leiste geschoben(diesmal ein arterieller Zugang, Alter Schwede, hat das blutet) und durchs Herz in den Hals, um das Kontrastmittel möglichst nah am Hirn einzuspritzen. Man spürt den Führungsdraht bis ungefähr zur Mitte der Bauchhöhle und dann nicht mehr. Nach dem Eingriff saß ich dann in meinem Rollstuhl zur Nachbesprechung im Büro des Neurochirurgen. Er kam ins Zimmer und ließ überschwänglich vor Freude verlauten: „Sie sind geheilt!" Er erkannte ziemlich schnell seinen Fauxpas (wie gesagt, ich saß halbseitig gelähmt im Rollstuhl, war also sehr weit davon entfernt „geheilt" zu sein), als ich meinte: „Nun toll, und ich hoffe die Ursache ist behoben?" Schnell lenkte er das Gespräch in eine andere Richtung. Denn nur wenn etwas von dem schwammartigen Gebilde überbleibt, kann es zur Neubildung kommen. Das ist bei mir jetzt mit nahezu an Sicherheit grenzender Wahrscheinlichkeit ausgeschlossen. Weitere Gefäßknäule hat man auch nicht gefunden. Also aus seiner speziellen Neurochirurgen-Sicht hatte er wohl Recht mit der Heilung, trotzdem etwas daneben. Garantieren tut einem übrigens keiner irgendwas. Ich habe dort auch erfahren, dass meine Stelle recht unproblematisch zu erreichen war. Dies ist sogar höchst selten der Fall. Meistens müssen die Neurochirurgen durch ziemlich viel gesundes Hirngewebe, um an die richtige Stelle zu kommen und können dabei unfreiwillig mehr Gehirnfunktionen beschädigen, als das eigentliche Problem verursacht hätte. Bei mir gab es keine Diskussion, operieren oder sterben lassen. Also operieren. „Ist ja auch leicht zu erreichen. Nur kurz durch den motorischen Cortex. Betrifft auch nur die linke Seite, machen wir nur ein kleines Loch durch. Er ist Rechtshänder? Umso besser. Kriegt der schon wieder hin, ist ja noch jung!" Scheiß Job! Die Verantwortung möchte ich nicht jeden Tag mit nach Hause nehmen. „Wie war dein Tag Schatz, hast du die frischen Karotten mitgebracht?" „Nein, Liebling, die hab ich auf der Intensivstation gelassen! Du weißt doch, ich nehme meine Arbeit nicht mit nach Hause." An dieser Stelle ein Dank an alle Neurochirurgen, die an mir herumgeschnippelt haben. War schon OK so. Ihr hattet keine Wahl. Ich bin ja noch Jung und bekomme das schon wieder hin.

Also zurück zum eigentlichen Geschehen. Damit das ohnehin schon von der Blutung lädierte und jetzt auch noch unfreiwillig beschädigte Gehirn nicht anschwillt, unnötigerweise gefährlicher Druck entsteht, die frisch geklippte Arterie wieder aufplatzt und der Spaß von vorne anfängt, wird man danach direkt in eine Art „Standby" runtergefahren, indem man in ein künstliches Koma versetzt bzw. mit Medikamenten ziemlich weit weggeschossen wird. In meinem Fall zwei Monate lang, bis alles schön verheilt ist. Lustige Opiate wie Clonidin, Sufentanil und Propofol, der Michael Jackson-Killer. Im Koma hatte ich zwei Beinahe-Sepsen (das sind fiese Blutvergiftungen, 162 Todesfälle täglich!), man hat mir beim Legen eines venösen Zugangs meinen rechten Lungenflügel punktiert und kollabieren lassen (natürlich aus Versehen), eine Lungenentzündung, mindestens einmal Pseudomonas, ein multiresistenter Staphylokokkus Aureus (MRSA) und all so einen Spaß. Multiresistent bedeutet, dass der Keim gegen die meisten Antibiotika immun ist. Nur noch zwei Breitband Antibiotika sind noch nicht in meinem System gewesen und alles davor waren chemische Atombomben. Einfaches Penizillin futtern die kleinen Biester zum Frühstück.

Man kann sich übrigens an nichts erinnern wenn man im Koma ist. Nichts, Nada. Sogar der schwere Opiat-Entzug, mit allem Drum und Dran, inklusive schweißgebadet und zitternd, alles weg. Was definitiv auch besser so ist. Bis auf die Träume. Wirres Zeug. So hab ich in der Schlacht um Helms Klamm aus „Herr der Ringe" als Ork mit gefochten und hatte sogar die Ehre, mir den Kopf von Aragorn abschlagen zu lassen. Aber erst nachdem ich etlichen Rohannitern tödliche Fleischwunden verpasste. In einem weiteren Traum wurde ich von besoffenen Medizinstudentinnen entführt und in einem Krankenwagen zu ihrer Abschlussparty gefahren. Dort haben mich die Studentinnen nackt an eine Scheibe gefesselt und zur Belustigung aller Absolventen mit Spritzen beworfen. Quasi als eine sich drehende menschliche Zielscheibe. Und ein Traum vom Baum des Lebens, der innen hohl war und worin die Seelen der Toten elfenartig auf- und absteigen konnten. Entweder runter nach Hel oder auf nach Walhalla. Meine Aufgabe bestand darin, den verlorenen Seelen nach oben zu helfen. Es gab noch ein ziemlich kompliziertes Handelssystem um positive und negative Energien, mit dem man Erfahrungspunkte sammeln konnte um ein Level aufzusteigen. Aber ich kann mich leider nicht an die Details erinnern. Schade eigentlich, hört sich wie ein interessantes Computerspiel-Konzept an. Ich habe im Koma mit dem Rauchen aufgehört. Ganz einfach, kein Problem, null Bedarf mehr, nichts. Kann ich nur empfehlen! Ich habe auch sämtliche Keime, die ich hatte, als Plüschtier gekauft. Kein Scherz! Es werden Bakterien und Viren verniedlicht! Ich habe ein Plüsch-MRSA und eine Plüsch-Lungenentzündung. Ein Plüsch-Pseudomonas gab es leider nicht, aber der sieht der Lungenentzündung zum Verwechseln ähnlich. Also hab ich davon zwei bestellt (googeln Sie mal nach „Riesenmikroben"). Es gibt auch Ebola, die Pest, West-Nil-Fieber und noch viele weitere, aber auch Banales wie Mundgeruch oder Fußpilz. Aber die hatte ich alle noch nicht und muss ich auch nicht. Mir reicht, was ich hatte. Nervenzellen und Neuronen waren leider ausverkauft, sonst hätte ich zugeschlagen. Die könnte ich nämlich gerade gut gebrauchen. Also falls Sie Ihrem Partner schon immer mal Syphilis oder Chlamydien verpassen wollten, wissen Sie jetzt wie. Aber bitte, halten Sie mich da raus!

Bei all den komatösen Gruselgeschichten, die ich durchmachte, hatte ich es noch am leichtesten. Wirklich leiden mussten all die Angehörigen und guten Freunde, die an der Bettkante ausharrten und nichts weiter tun konnten, außer da zu sein und die ganze Zeit sich darüber Gedanken machen zu müssen: „Wacht er wieder auf? Und wenn ja, wie? Als Karotte, Schimpanse oder Fünfjähriger ohne Gedächtnis?" Ich lag nur da und dämmerte vor mich hin, unter dem Einfluss eines Opiat-Cocktails.

3. Dämmerung in Eilbek

Von der neurochirurgischen Intensivstation im UKE kam ich auf die normale Neurointensiv ins Klinikum Eilbek. Eigentlich war wohl geplant, mich direkt auf die Frührehabilitationsstation zu schicken. Allerdings habe ich auf dem Weg vom UKE nach Eilbek den Innenraum eines Krankenwagens demoliert und eine Ärztin terrorisiert. Ich war anscheinend mit dem Umzug und dem Opiumentzug nicht allzu einverstanden. Hey! Die wollten mir doch tatsächlich meine Drogen wegnehmen. Unerhört! Da musste ich mich doch wehren.

Im Klinikum Eilbek bin ich dann „aufgewacht", mit diversen Schläuchen im Körper. Magensonde durch die Bauchdecke, Trachealkanüle im Hals, Katheter in der Blase, Braunüle im Arm fürs Clonidin. Das letzte

Opiat, welches man mir noch gab. Braunülen sind eine Art Ventil zum venösen System. Funktionieren mehr oder minder wie diese Gardena-Schlauchverschlüsse. Es gibt auch ähnlich viel Zubehör dazu. Man kann darüber Blut abzapfen, Medikamente einspritzen oder einen Tropf dran anhängen. Sie werden meisten in der Armbeuge un eine ene gepiekt in meinem Fall rechts. Das „Aufgewacht" ist absichtlich in Gänsefüßchen. Denn es war kein normales, klassisches Aufwachen nach einer guten Nacht Schlaf. Eher ein gaaanz langsames Bewusstwerden. Es ist sehr schwierig zu beschreiben und das Clonidin und das andere Zeug wurden langsam und vorsichtig über einen Monat ausgeschlichen. In dieser Zeit wurde mein Bewusstsein wieder langsam und vorsichtig eingeschlichen. Es gibt keinen Zeitpunkt, wo ich sagen könnte: „Jetzt bin ich wach." Es war ein zähfließender Übergang. Die Erinnerung in Eilbek setzt spät ein. Zu einer Zeit; in der ich schon auf der Frührehabilitationsabteilung und nicht mehr auf der Intensivstation war. Hiersetzt das „Hörensagen" wieder auf. Alles Folgende ist, falls nicht anders gekennzeichnet Wirklich passiert.

So kann ivh mich nur fragmentarisch an Thomas, meinen ersten Physiotherapeuten erinnern (du hattest Recht, die notwendige Rumpfarbeit wird jetzt nachgeholt). Irgendwas mit auf der Bettkante sitzen, Brücke bauen und „noch acht, noch sieben, sechs, fünf, noch vier, noch drei, noch sieben, sechs, noch fünf...". Präsenter ist Manfred, der Pfleger. Der hat mich immer sauber gemacht, im Schichtbetrieb mit Tausenden namenlosen Schwestern dessen Namen wahrscheinlich hinterm Nebel der Opiate verschwunden bleiben. Tut mir leid, aber ihr wart zu allem Überfluss auch noch alle identisch MRSA-tauglich gekleidet. Ich hatte nicht den Hauch einer Chance mir was zu merken. Danke trotzdem.

Apropos namenlose Schwestern. Ich bin mal aus dem Bett gefallen. Es war spät abends, ich lag unbequem. Ich schnappte mir die Fernbedienung des Bettes, fummelte dran herum. Flutscht das Ding weg und macht einen Abgang über die Bettkante. Ich also hinterher, soweit ich konnte. Vielleicht ist sie ja irgendwo hängen geblieben, und ich komm ran. Noch ein bisschen weiter, noch ein bisschen. Mist! Zu weit. Schwupps! Und es war geschehen, ich purzelte über die Kante. Doof das mit der Schwerkraft, sollte man abstellen. Verursacht nur Ärger. Glücklicherweise hatte ich die Decke mitgerissen, zumindest wurde mir während des Ganzen nicht kalt. Es war immerhin ein mieser, fürchterlich kalter Winter. Unglücklicherweise war der Schlauch des Katheters, dessen Beutel leider an der anderen Bettseite befestigt war, nicht lang genug. Urin-Katheter werden blockiert, damit der Schlauch nicht einfach raus rutscht. Am Ende des Schlauchs ist eine Art Ballon. Dieser wird nach dem

Einführen in der Blase aufgepumpt und bekommt in etwa die Größe einer etwas größeren Walnuss. Diese „Walnuss", die in meiner Vorstellung auf die Größe einer mittelgroßen Kartoffel anschwoll, blieb natürlich genau auf halber Strecke meines, naja Sie ahnen es schon, richtig, stecken! Entzückend! Da lag ich nun auf dem Rücken. Zwar gut zugedeckt, aber eine aufgeblasene etwas größere Walnuss in der Mitte meines Penis und der Schlauch auf Spannung. Die Fernbedienung meines Bettes, die auch die Klingel für die Schwester enthielt, hatte ich bei meinem Sturz aus der Wand gerissen. Nicht nur Stecker aus der Dose sondern Stecker abgebrochen, hätte ich sonst wieder reingesteckt. Und nur die Nachtschwester auf den verwaisten Gängen unterwegs und die war grade eben noch da, hatte also die komplette Runde noch vor sich. Na, super! Es dauerte eine ewig lange und unvorstellbar schmerzhafte dreiviertel Stunde. Ich konnte noch nicht mal schreien, ich hatte ja noch eine Trachealkanüle im Hals stecken. Also klopfte ich ohne erkennbaren Nutzen gegen die Heizung mit der zerstörten und mausetoten Fernbedienung, die ich unten wiedergefunden hatte. Hielt dabei wahrscheinlich die Patienten auf den Etagen unter und über mir wach, starrte ansonsten hilflos auf die Uhr, die gnädigerweise keinen Sekundenzeiger hatte, und harrte aus. Irgendwann, gefühlte sieben Stunden später, fand man mich. Plötzlich wimmelte es nur so von diesen namenlosen Schwestern in Einheitsgrün. Man hob mich zurück ins Bett. Man schnitt den Schlauch durch. Doch die erwartete Erleichterung blieb aus. Normalerweise wird beim Durchtrennen des Schlauchs der Druck in dem Ballon abgelassen. Die Schwestern ratlos. Sie holten einen Urologen aus dem Bett, der dann flink in die Klinik vorbeigehuscht kam und uns seelenruhig erklärte, dass durch den Zug der Innendurchmesser des Gummischlauchs auf null zusammengeschrumpft wäre. „Seht her, das könnt ihr am abgeschnittenen Ende ganz deutlich erkennen." Der Ballon könne nicht mehr kleiner werden, die Luft kann nirgendwo hin. Na, super! Und nun? „Ehm, das könnte jetzt ein wenig weh tun", sagte er, schnappte sich eine Zange und bevor ich auch nur zum Protest ansetzen konnte, zog er an dem kurzen Schlauchstummel, der noch raus hing. Menschen sind nicht gebaut, um solche Schmerzen zu ertragen. Drei Tage Blut gepisst. Kein weiterer Kommentar. Nur eins noch. Ich bin nie wieder aus den Bett gefallen.

Merkwürdig war auch die Desorientierung. Ich bin häufiger mal aufgewacht um festzustellen, dass ich in einem anderen Zimmer lag als am Abend zuvor. War ich aber natürlich nicht. Als ich das alte Zimmer beschrieb, sagte man mir, das wäre im UKE gewesen. Flashbacks sind unter Opiaten und bei neurologischen Patienten nichts Ungewöhnliches. Nur hatte ich das UKE noch nie bewusst von innen gesehen. Erstaunlich, vielleicht bekommt man im Koma doch unbewusst was mit. Vielleicht waren die riesigen Monitortürme ja auch aus „Dr. House".

Jedenfalls hat man mir in der Zeit das Atmen beigebracht und den Zusatzsauerstoff Stück um Stück reduziert. Ein ziemlich komplizierter Vorgang. Das Atmen, nicht das Reduzieren. Das Reduzieren tut man einfach mit einer Stellschraube. Das Atmen ist ein mühsamer Vorgang. Vor allem, wenn die komplette linke Seite gelähmt ist und man durch eine kleine Röhre im Hals atmen muss, die zu allem Überfluss noch hinten im Rachen die ganze Zeit kratzt. Trachealkanülen werden wie Katheter blockiert, nur dass der Ballon nicht in der Blase sondern stattdessen in der Luftröhre aufgepustet wird. Das hat zur Folge, dass man durch die Kanüle atmen muss. Es kann also nichts in die Luftröhre eindringen. Leider füllten sich der Bereich oberhalb der Blockung sowie auch die Kanüle selbst mit Speichel. Man fängt an zu „blubbern" und muss alle zwanzig Minuten, je nach Speichelfluss, abgesaugt werden. Einen Großteil meiner Zeit verbrachte ich mit Klingeln, auf die Schwester warten, schon wieder auf die Kanüle zeigen und mich absaugen lassen. Irgendwann war das mit der Atmung geschafft und kein Zusatzsauerstoff mehr nötig. Meine Sauerstoff-Sättigung wurde konstant mit einer Art Wäscheklammer überwacht, die andauernd von meinem

Zeigefinger abrutschte und mindestens tausend Fehlalarme auslöste.

Über meinem Bett hing ein Foto von meinem Bruder Jan, der ja bekanntlich ein wenig stämmiger ist als ich es je war. Jedenfalls kam es, wie es kommen musste, zur Verwechslung. Was zur Folge hatte, dass ich auf einmal 3.000 Kilokalorien am Tag statt bisher 1.700 per Magensonde bekam. Frei nach dem Motto: „Mein Gott, hat der Ärmste abgenommen. Haben die den im UKE denn gar nicht gefüttert?" Ich behaupte immer noch, dass mein kleines Bäuchlein da herrührt und nicht von einem gestiegenen Pizza-Konsum meinerseits. War zu der Zeit aber wahrscheinlich notwendig, ich wog zwischenzeitlich deutlich unter sechzig Kilogramm. Inzwischen wiege ich wieder stattliche achtzig und arbeite mehr oder minder erfolgreich daran, mein Bäuchlein zu reduzieren. Ich wog früher immer leicht über siebzig, knapp neun müssen noch runter. Aber ich habe gute Chancen. Mein Lieblings Pizzalieferdienst hat gerade dicht gemacht, wegen mangelndem Umsatz. An mir kann es nicht gelegen haben, ich hab alles gegeben.

Sprechen kann man mit einem fingerdicken Rohr im Hals übrigens auch nicht. Ich hab die ganze Zeit über geschrieben. Zuerst brachte man mir ein Stück laminierte Pappe mit Buchstaben drauf. Der Dialog läuft dann folgendermaßen ab: Sender zeigt auf A der Empfänger sagt „A", Daumen hoch beim Sender, nächster Buchstabe. Sagen Sie damit mal „ich hätte gerne eine Banane". Da wird man in der gleichen Zeit wieder gesund und holt sich die Banane selbst! Und dann auch noch in „ABCD…" und nicht „QWERT…". Ich machte Schreibbewegungen mit der gesunden Hand. Ich glaube meine Mutter war die erste, die kapierte, was ich wollte: Stift und Papier und nicht so ein beklopptes Zeigebrett. Sie riss die letzte Seite aus ihrem Buch, eine Schwester hatte einen Kugelschreiber. Meine ersten, geschriebenen Worte waren: „es riecht nach Opiaten" und „gebt dem Mann da mal ein Puzzle". Mein Zimmernachbar hat sich tierisch gelangweilt und alles auseinandergenommen, was er in die Finger bekam. Unter anderem auch seine Zugänge. Was öfters blutig endete. Zur Überraschung aller war ich kognitiv wieder da! Und ich glaube immer noch fest daran, dass man Opiate riechen kann. Fragen Sie mal Drogenhunde, die kennen sich da besser aus.

Weiter ging es mit dem Schlucken. Ein noch komplizierterer Vorgang. Es müssen erstaunlich viele Muskeln in der richtigen Reihenfolge an- und wieder ausgeschaltet werden: Kauphase, Speisebrei nach vorne bringen, Nasenraum verschließen, Kehlkopf nach oben heben, dadurch schließt sich die Luftröhre mit dem Kehldeckel. Speisebrei, gut zerkaut, mit der Zunge nach hinten zur Speiseröhre „rollen". Ein Fehler in der Abfolge oder beim Timing und man erwischt meistens die Luftröhre und verschluckt sich. Ich weiß nicht, wie viel Wasser ich geatmet habe. Aber es müssen einige Liter gewesen sein. Auf den Rücken klopfen hilft nicht! Man muss es raus husten oder warten bis der Reiz von alleine aufhört. Man fängt an mit einem Tropfen Tee, arbeitet sich langsam über Pürees zu Brei, dann Gedünstetes und weiter zu immer festerer Nahrung.

Trotz fingerdicken Rohrs ging es auch ans Sprechen lernen. Und zwar bekommt man eine spezielle Trachealkanüle und einen Sprechaufsatz, welcher als Membran funktioniert. Was dabei herauskommt ist zuerst ein erbärmliches Krächzen. Am Anfang versteht man sein eigenes Wort nicht, geschweige denn jemand anderes. Es sind nur lauter merkwürdige Geräusche. Nach einiger Zeit der Übung kann man sich dann selbst wieder verstehen und irgendwann verstehen einen dann auch die anderen. Ist ganz schön merkwürdig, wenn die Tonerzeugung nicht im eigenen Kehlkopf stattfindet, sondern gänzlich außerhalb des Körpers. Vor allem, weil man die Intonation trotzdem mit Zunge- und Mundraum versucht zu erzeugen, was sich als total nutzlos erwies.

Als ich dann wieder schlucken konnte, hat man die Trachealkanüle entfernt und ich durfte mich langsam an fester Nahrung versuchen. Dies habe ich anscheinend in Rekordzeit hinter mich gebracht, denn immerhin wurde ich auch mit einer Currywurst geködert. „Du bekommst eine Currywurst, wenn du wieder Festes darfst", sagte mein Logopäde Marco. Da kommt mir das Bild mit dem Esel und der Möhre. Ich der Esel, die Currywurst die Möhre. Wie auch immer, es hat funktioniert: Die Currywurst schmeckte gut. Besser noch war das „Burgern", was meine Kumpel organisiert hatten. Sie haben im tiefsten Winter einen Gasgrill aufgetrieben und grillten in fünfzehn Zentimeter hohem Schnee im Vorgarten der Klinik Burger für mich. Dabei haben sie die komplette Klinik mit Rauch eingenebelt. Die Burger noch zartrosa von innen. Herrlich. Ganz weit vorne, Jungs!

Dann ging es los mit sprecherzieherischen Maßnahmen (Tipp: bei YouTube mal nach „Maulwurf und Frosch" suchen). Und nach einer Woche „pahhhs", „tahhhhs", und „so Sie Saus", viel Nuscheln und Murmeln konnte man mich bald wieder verstehen. Ein bisschen Nuscheln tue ich gelegentlich heute noch. Vor allem wenn ich müde bin und die Konzentration nachlässt.

Mein Opa ist in der Zeit gestorben, in der ich im Koma lag. Er hatte sich leider einen Haufen Schulden angelacht. Die sollte ich nun erben, wenn ich das Erbe nicht ablehnte. Natürlich nur notariell beglaubigt, und die Frist lief langsam aus. „Nein, Frau Herzberg, ihr Mann muss persönlich unterschreiben. Ja, auch wenn er quasi noch im Koma liegt. Nein, auch ihre gerichtliche Vormundschaft reicht nicht." Nun konnte ich leider nicht zum Notar, an mir hingen noch Monitore. Unter anderem wurde zu diesem Zeitpunkt noch immer meine Sauerstoff-Sättigung überwacht. Also musste der Berg zum Propheten. Das Unterschreiben stellte für mich kein Problem dar. Schwierig war nur, dass ich noch MRSA-Träger war. Jeder, der mich besuchte, musste also in Vollmontur, Mundschutz, Latex-handschuhe, grüner Wegwerf-Kittel und Haarschutz antreten. Sogar die blauen Plastik-Socken über die Schuhe. Zusätzlich davor und danach fast in Sterilium baden. Auch der Notar von Hamburgs prominentester Kanzlei musste durch diese Prozedur. Keine Ausnahmen wegen des Seuchenschutzes, auch nicht für Notare. Ich unterschrieb, und er gab Hackengas. Notare werden stundenweise bezahlt. Das war diesem ziemlich egal. Ich hab noch nie einen so flinken Notar gesehen.

Ich war grade einen halben Tag meinen MRSA und Pseudomonas los, da wurde ich sofort in ein neues, hoffentlich keimfreieres Zimmer verlegt. Dabei musste ganz schnell gehandelt werden. Nicht, das ich mich erneut bei anderen Patienten oder an einem Kugelschreiber anstecke. Alles was nicht mit Sterilium abwaschbar war musste gekocht oder vernichtet werden. Ich wurde sofort nach Bekanntgabe in meinen ersten Leihrollstuhl gesetzt. Wir tauften es mein rollendes Sofa. Danach wurde ich auf den Gang gestellt, während mein Zimmer auf den Kopf gestellt wurde. Alles erst mal in blaue Plastiktüten. MRSA und Pseudomonas sind für fitte, gesunde Leute ungefährlich. Sie tragen es wahrscheinlich auch mit sich rum. Sie sind nur gefährlich für Leute, deren Immunsystem gerade mit anderem zu tun hat, wie mit Miniatur-Entzündungsherden am Urin-Katheter, offenen Wunden durch Trachealkanülen in der Luftröhre oder Fremdkörper wie Magensonden abstoßen. Oder auch merkwürdige Substanzen im System wie Opiaten, Betablockern und anderem Paroli bieten. Zuerst wurde ich in ein Dreibett-Zimmer verlegt. Danach zu Herrn Müller (Name vom Autor geändert), der immer bis spät in die Nacht Fernsehen schaute. Trotz Kopfhörer auf voller Lautstärke schlief er dabei jedes Mal, jeden Abend, ein. Wenn er anfing zu schnarchen, klingelte ich die Nachtschwester raus, die mit einer beeindruckenden, nahezu stoischen Gelassenheit den Fernseher ausmachte, Müllers Fernbedienung verstaute, ihm die Kopfhörer abnahm und wieder verschwand, um mich mit meinen Träumen allein zu lassen. Tagsüber klingelte ich auch dauernd für ihn. Denn zum einen lief seine Trachealkanüle schneller voll als meine und zum anderen waren seine Hände immer bandagiert, da er ein Kanülen-Puhler war und deshalb nicht klingeln konnte. Sobald er wieder röchelte: Brrrrrrring. „Was denn jetzt schon wieder?" „Hören Sie mal, der Müller säuft bald ab!"

Parallel gingen die Vorbereitungen zum Klinik-Wechsel los. Raus aus der Früh-Reha, rein in die richtige Reha.

Der Patient, also ich, bekommt davon relativ wenig mit. Man dümpelt vor sich hin, ohne größere markante Streckenmarkierungen entlang des Weges. Es passiert relativ wenig Überraschendes, Neues im Klinik-Alltag und man verliert schnell jegliches Zeitgefühl. Ich hätte nie sagen können, welcher Wochentag grade ist. Es war letztlich auch egal.

Und so kam es, dass eines Tages zwei Rettungssanitäter plötzlich neben meinem Bett standen und mich auf eine mobile Liege transferierten. „Was'n los?" fragte ich. „Ab ins Nebenhaus, Magensonde raus." Hähh? Mit einem Krankenwagen für vielleicht dreihundert Meter? Könnte Versicherungsgründe gehabt haben. Vielleicht ging es auch durch MRSA Territorium oder noch schlimmer, Treppen! Werde ich wohl nicht mehr erfahren. Ich wurde also die paar hundert Meter gefahren und kam in ein Untersuchungszimmer. Dort hingen Monitore über Monitoren an diversen beweglichen Armen. Mir wurde mitgeteilt, dass in meinem Magen eine Plastikplatte sei, durch die der Schlauch der Magensonde durchführte und auf der anderen Seite mit einer Mutter gesichert ist, damit die Magensonde auch schön fest sitzt. Nun würde man mit einem Endoskop diese Stelle in meinem Magen finden, die Mutter lösen, voila! Magensonde raus. Endlich mal wieder ein bisschen Action!

Cool, dachte ich, kann ich ja sogar zuschauen, gute Sicht auf die Monitore hab ich ja schon. Aber natürlich erst mal Braunüle. Kenn ich schon. Vor jedem Eingriff eine Braunüle für den Notfall! Der Arzt kommt rein, ich unterschrieb noch die übliche Unbedenklichkeits-Bescheinigung. Ja, ich habe die AGBs gelesen. Ja, auch einfache Eingriffe können Komplikationen hervorrufen, die mit meinem Tod enden. Nein, ich kann Ihnen Posthum sowieso nicht an den Karren pissen und wenn ich es überlebe besteht kein Grund dazu. Er spritzt mir was per Braunüle. Ich denk mir, was zum Unterdrücken des Brechreizes. Find ich gut, kotzen will ich auch nicht. Der Arzt, anscheinend zufrieden, ging wieder raus… Und kommt nicht wieder. Stattdessen eine gute Viertelstunde später, kamen die Herren vom Krankenwagen. „Ey Jungs, falsches Zimmer! Ich warte immer noch auf den Arzt. Wir haben noch gar nicht angefangen. " Beide haben ein Grinsen bis über die Ohren. „Das sagt jeder!" Ich hab kein Brechreiz stillendes Mittel bekommen, sondern man hat mir eine handfeste Narkose verpasst. Mist, ich wollte doch dabei sein und zuschauen. Das Kleingedruckte wohl doch nicht gelesen. Ich hab es nicht geglaubt, bis ich das kleine Loch in meiner Bauchdecke gesehen habe, wo der Anschluss früher gewesen war. Zurück ins Zimmer wieder mit Krankenwagen. Eine von mir nicht näher bestimmbare Zeit später – es war eine Sache von wenigen Tagen/Wochen/Monaten – standen wieder zwei Sanitäter an meiner Bettkante. Diesmal hatte ich zumindest eine Ahnung worum es ging. Meine Frau hatte den ganzen Tag gepackt. Ich wurde wieder in eine mobile Liege transferiert, festgeschnallt und in einen Krankenwagen geschafft. Umsiedeln geht dann gefühlt ganz schnell. Und weg war ich!

Ade Eilbek. Welcome to Geesthacht!

4. Guten Morgen in Geesthacht

Genauso gut hätte ich auch im tiefsten Bayern enden können. Vorgeschlagen waren Bad Segeberg, eine Klinik in Bayern und Geesthacht. Apropos Bayern: Das Kontingent an Reha-Behandlungen pro Woche variiert stark je nach Bundesland, in Bayern hätte ich deutlich mehr Reha pro Zeiteinheit bekommen. Da meine Familie aber im Norden lebt, kamen Bad Segeberg und Geesthacht in die engere Wahl. Aber Bayern hat noch ein anderes Problem, es ist voller Bayern, und die versteht ja natürlich keiner! Ausschlaggeben war letztlich das Klientel. Jugendliche und junge Erwachsene waren eindeutig eher meine Kragenweite als Lederhosen und Alphörner.

Also Geesthacht. Die Klinik ist in einer alten Tuberkulose- und Lungenklinik untergebracht mit einem Charme irgendwo zwischen der Schwarzwaldklinik und dem Overlook Hotel in Shining. Mitten im Wald gelegen und im grünen nächtlichen Schimmer des benachbarten Kernkraftwerkes Krümmel.

In Geesthacht habe ich vieles zu Ende gebracht, was in Eilbek anfing. Diverse kognitive und physische Quälereien, die mich vorangebracht haben.

Am Anfang gab es Mobilitätstraining. Ein erstes Ziel war: Transfer alleine vom Bett in den Rollstuhl und vielleicht auch mal wieder richtig aufs Klo zu gehen. Da habe ich schnell einen Haken hinter gemacht. Auch Anziehtraining und so weiter war dabei (und ich kann jetzt noch keine Einhandschleife, wozu gibt's denn Klett).

Es gab auch viel Steh- und später Lauftraining. Stehtraining natürlich in der Therapie, aber auch nachmittags auf dem Balkon, der von der Patientenküche abging. Dabei fällt mir ein, dass dort eine kleine Kante war über die man rüber musste, um mit dem Rollstuhl auf dem Balkon zu kommen. Alles kein Problem. Rollstuhl kurz ankippeln, Vorderräder rüber, mit den großen Hinterrädern einfach drüber weg fahren. Beim Ankippeln rettet einen jedes Mal ein Sicherheitsrad vor dem Abgang nach hinten, vorausgesetzt es ist ausgeklappt. Wenn nicht, dann kippt der Rollstuhl nach hinten weg. Dies ist mir nur einmal passiert. An genau dieser Kante. Schon merkwürdig: „Huch, sonst geht es nicht so weit nach hinten!" Dann dieser kurze, zeitlich entkoppelte, schwerelose Moment am Point of no Return. „Mist, es geht weiter!". Reflexartig den Kopf nach vorne. „BAMM!" Gerettet von den Griffen des Rollstuhls die den Sturz kurz abfedern. Nichts passiert außer ein wenig Herzrasen.

Auf diesem Balkon war ein komischer kleiner, grauer Kasten oben an der Außenwand. Ich weiß nicht mehr, wer es war. Aber irgendjemand war der Meinung, es wäre die Elefanten-Abwehranlage. Glauben Sie nicht? Haben Sie denn in Geesthacht und Umgebung schon mal einen Elefanten gesehen? Nein? Scheint dann also ganz gut zu funktionieren, oder?

Trainiert wurde auch heimlich abends manchmal bis in die Nacht den Bewegungsflur entlang. Da gab es einen durchgängigen Handlauf in der richtigen Höhe, mit den Peitschen meiner Frau und meiner Mutter immer auf den Fersen. Die hatten sich inzwischen ein Zimmer in der Klinik gemietet, um mich konstant foltern zu können.

Es gab auch viel Hirnleistungstraining. Am Anfang ganz einfache Aufgaben, dann Dreisatz- und Textaufgaben, logische Rätsel, lauter Gedächtnisübungen und viel Spielerisches. Vor allem, um meinen wahrscheinlich permanenten Gesichtsfeldausfall unten links zu kompensieren. Als Vorbereitung für den beruflichen Wiedereinstieg. Ich trage inzwischen auch eine Brille, weil mein Sehnerv bei der Blutung beschädigt wurde.

Der Gesichtsfeldausfall ist schwer zu beschreiben. Das linke Auge ist per se ja nicht in Mitleidenschaft gezogen. Mit dem Auge ist rein physisch alles in Ordnung. Den Sehnerv oder den visuellen Cortex hat es erwischt. Ich würde sagen, ein Sechzehntel des Quadranten links unten ist einfach weg. Und zwar egal, ob ich mit dem linken oder rechtem Auge schaue. Ich kann mir das linke Auge zuhalten und nur mit rechts schauen, der Ausfall ist immer noch da. Das Hirn kann nur ein ganz kleines Bildfenster scharf wahrnehmen, der Rest des Blickfeldes bleibt verschwommen und undeutlich. Nur der Bereich, den man gerade bewusst „ins Auge fasst", wird scharf gesehen, wird verarbeitet und kommt in eine Art temporärer Speicher, aus dem das Gesamtbild gespeichert wird. Dieser Speicher wird auch mit dem unscharfen Restbild gefüttert. So muss das Gehirn nicht alles gleichzeitig verarbeiten, was das Auge liefert. Auf jeden Fall funktioniert das Wahrnehmen von Bilddaten in der unteren Ecke links nicht gut. Entweder ist der Speicher kaputt oder die Übertragung dorthin ist gestört. Es gibt da keinen schwarzen Fleck, weil halt immer noch veraltetes, unscharfes Bildmaterial vom Gehirn zum Echtbild ergänzt wird, um so ein möglichst vollständiges Bild zu erhalten. Aber man merkt schon, dass das nicht alles „da" ist.

Der Gesichtsfeldausfall ist auch der Grund, warum ich keinen Führerschein mehr haben darf. Der Landesbetrieb Verkehr hat davon Wind bekommen, als ich meine Behinderten-Parkplakette abholen wollte. Hat mir den Führerschein abgenommen und mich nochmal um einhundertsechzig Euro „Bearbeitungsgebühr" erleichtert. Lieber kein Kommentar. Ich will niemand beleidigen. Gute Freunde sind beamtet, und die sollen auch gute Freunde bleiben.

Lange Zeit wurde von einem Neglect gesprochen, was ich zuerst auch nicht von dem Gesichtsfeldausfall zu unterscheiden wusste. Die Symptome sind, zumindest bei mir, sehr ähnlich. Stühle und Türrahmen unten links habe ich nicht nur nicht gesehen, sondern, jetzt kommt der neurologische Neglect ins Spiel, auch nicht wahrgenommen. Ich bin dauernd gegen Sachen gestoßen. Ich habe die diversen Gegenstände schon gesehen, nur sind sie nicht auf eine bewusste Ebene gehoben worden. Ungefähr wie bei einem Ehepaar: Unterbewusstsein registriert einen Türrahmen auf der linken Seite und knapp im Weg. Ich bin grad volles Tempo mit dem Stock unterwegs auf dem Weg zum Klo. PAM! Schulter, voll Karacho gegen den Türrahmen, Bewusstsein zum Unterbewusstsein: „Wieso hast du mich nicht gewarnt. Das ist dein Job. Hast du es mal wieder nicht gesehen?" „Na klar, hab ich dir doch grad eben gesagt!" „Hast du gar nicht!" „Wohl! Du hörst einfach nie zu." „Wer will denn den Quatsch, den du den ganzen Tag verzapfst auch hören?" „Du hättest ja auch mal selber schauen können." „Ich bin den ganzen Tag mit anderem beschäftigt wie zum Beispiel Gehen und außerdem steht's im Ehevertrag, hast wohl das Kleingedruckte nicht gelesen." Eindeutig ein Kommunikations-Problem. Wir sind übrigens durch das Trauma auch nicht schizophren geworden. Ein Neglect kann alle fünf Sinne betreffen. Bei mir sind der optische und der Tastsinn eindeutig betroffen. Beim Tastsinn ist es eine Sensibilitätsstörung. Nur ungefähr dreißig Prozent der Reizstärke wird auch im Hirn registriert. Es ist keine Taubheit im klassischen Sinne, nur eine deutlich verminderte Sensibilität. Alles kommt an. Nur halt schwächer. Auch wieder Links. Rechts ist alles ganz in Ordnung. Ein normalerweise deutliches Streicheln kommt als fieses Gekitzele im Hirn an. Wieder das leidige Thema Kommunikation. Leider geht Leitung reparieren nicht. Es müssen neue Leitungen gefunden oder geschaffen werden und das kann dauern, das kennen Sie ja schon von der Telekom. Und die sind gegenüber neuronalem Wachstum regelrecht rasant.

Der Geschmackssinn war definitiv nicht betroffen. Denn das Essen war eine deutliche Steigerung gegenüber Eilbek. Geesthacht ist eine der wenigen Kliniken, die sich noch eine eigene Küche leisten. Die meisten lassen sich inzwischen von Großküchen das Essen in Gastronormbehältern liefern, ab in den Konvektomat, Mittach! Das Essen in Geesthacht war teilweise Tiefkühlkost, aber versetzt mit frischem Gemüse, gebratenem, nicht gedünstetem Fleisch, einer Salatbar und frischem Obst. Einziger Malus: Das Menü hat sich alle vier bis fünf Wochen wiederholt. Mit der Zeit wusste der Koch, dass meine Portionen etwas größer ausfallen. Ich ließ mir am besten gleich zehn Pfannkuchen geben. Dann musste ich auch nicht zwei oder dreimal gehen beziehungsweise rollern und mich wieder hinten anstellen. Weihnachten wurde sogar ein Sterne-Koch engagiert, um uns mit seinen Auszubildenden ein Drei-Gänge-Menü zu zaubern. Lecker!

Auch toll war der Snözelen-Raum. Ein ganzer Raum, gedacht um zu entspannen. Eine meiner Lieblingstherapien war: Entspannungstherapie. Geführte Meditation und progressive Muskelrelaxation nach Jacobsen, Traumreisen oder einfach nur chillige Musik. Da bin ich öfters eingeschlafen. Und danach war ich als der Schnarcher bekannt. Dabei schnarche ich nicht mal richtig, ich näsele eher. Das Schönste war das beheizte Wasserbett mit integriertem Subwoofer. Die Bässe konnte man also spüren. Eine kleine Flottille Sitzsäcke, aus denen ich niemals alleine rausgekommen wäre und sonst alles mit Matratzen ausgelegt. Diverse Lichteffekte und psychedelische Blubbersäulen rundeten das Bild ab. Man konnte sich aus Station A den Schlüssel holen und seine eigene Musik auflegen. Am besten waren die Red Hot Chili Peppers, die Funky Monks haben im Bett richtig schön für Wellengang gesorgt.

Ich hatte auch viel Besuch in Geesthacht, mein Bruder und meine Schwestern sind extra aus Australien angereist. Meine Mutter oder meine Frau waren quasi täglich da, und die Freunde kamen am Wochenende zum Frühstücken (zumindest bis ich die Klinik am Wochenende verlassen konnte).

Nicht aller Besuch war gut. Unter anderem hatte ich auch mal Besuch von einer vom Gericht bestellte Gutachterin. Diese sollte ergründen, ob ich zurechnungsfähig und oder wieder geschäftstüchtig bin. Oder so ähnlich. Meine Frau und meine Mutter waren immer noch meine gesetzlichen Vormünder. Das wollte ich natürlich auch vom Tisch haben. Also Hemd anziehen (anziehen lassen, haben Sie schon mal versucht mit einer Hand ein Hemd zuzuknöpfen?), die Dame kam: blah, blah, blah, und dann kam die Frage: "Sind sie eigentlich noch potent?" „Häh??? Wie bitte?? Was hat das mit meiner Hirnschädigung zu tun?" Die Dame machte sich ziemlich schnell aus dem Staub bevor ich ausfallend werden konnte. Ich bin mir immer noch nicht sicher, ob das Teil des Tests war. Die Antwort schien aber richtig zu sein. Ich bin auf jeden Fall wieder voll mündig. Für den Besuch, den keiner brauchte, kam natürlich noch eine Rechnung vom Gericht, was auch sonst.

Man bekommt auch etliche Hilfsmittel verschrieben. Einhand-Wiegemesser (wurde von der Krankenkasse abgelehnt, hab ich mir dann selbst gekauft, manchmal ist der Weg des geringsten Widerstandes einfach schneller und unkomplizierter). Antirutschmatten, ich kann den Teller nicht mit der anderen Hand festhalten wie der normale Bürger, diverse Schienen und Orthesen für Arm und Bein, beziehungsweise Hand und Fuß. Unter anderem mein „Schlauch". So nenn ich eine Orthese, die vor allem perzeptiv funktioniert. Konzipiert wie ein Handschuh der bis über den Ellenbogen geht, übt er einen konstanten Druck auf die Oberfläche der Haut der Hand und des Arms aus, um dem Neglect entgegenzuwirken und die neuen Nervenenden in die richtigen Bahnen zu lenken. Dieser „Schlauch" wurde in mühsamer Handarbeit, nach einer genauen Vermessung meiner Hand und des Arms, in Irland hergestellt. Ich stelle mir grüne, rollende Landschaften vor. Mit einer dreihundert Jahre alten zugigen Hütte aus verbogenen Holzbrettern, der Wind pfeift durch die Ritzen und der winzige einzige Raum wird dominiert von einem kleinen schwarzen torfbefeuerten Eisenofen, der ein zinnoberrotes Glühen durch ein verbeultes altes

Gitter auf die gegenüberliegende Wand auf die dort gestapelten, schwindenden Torfreserven wirft. An dem wärmt sich eine uralte krumme „Seanmháthair" in einem Schaukelstuhl vor dem kalten irischen Regen, der von außen an das einzige, kleine, von Ruß geschwärzte Fenster schlägt. Die Großmutter sitzt da ganz friedlich und näht mit unglaublicher Präzision, erworben durch ein dreiviertel Jahrhundert an Erfahrung und Routine, mit ihren von Arthritis gebeutelte Finger meinen „Schlauch." Zu romantisch? Sie haben wahrscheinlich Recht. Die Iren haben den Auftrag bestimmt an die günstigste, nächstbeste indische oder chinesische Hinterhof-Schneiderei weitergegeben, die zu unmenschlichen Dumpinglöhnen viel billiger und schneller näht. Aber lassen Sie mir doch meine Illusion. Jedenfalls passte der Handschuh so gut, dass es sehr, sehr schwierig war ihn anzuziehen.

Es gab auch noch eine richtig fiese Fußschiene gegen meinen Spitzfuß. Sie wurde alle naselang mittels einer Madenschraube steiler gestellt bis der Fuß wieder in „Nullstellung" war. Hilfreich gegen meinen Spitzfuß war auch viel Stehtraining, einfach nur Gewicht drauf war die einfachste Lösung. Der Spitzfuß ist eine Fehlstellung des oberen Knöchels, so dass die Ferse beim Gehen nicht auf den Boden aufgesetzt werden kann. Der Fuß ist vollständig gestreckt und man kann nur auf den Zehen gehen. Die einzige Orthese, die ich ablehnte, war mein nächtlicher Anti-Spitzfuß-Regressions-Gips, der jeden Abend des ersten halben Jahres meines Klinikaufenthaltes angelegt wurde. Man legt sein Bein in eine Gipsform, in dem das Fußteil steiler angewinkelt ist als der Spitzfuß es zulässt und dann wird das Ganze mit einer Bandage umwickelt. Gefangen! Ich bin eher der unruhige Schläfer, der die ganze Nacht nach einer noch bequemeren Position sucht. Nur noch auf dem Rücken liegen zu können, war für mich der reinste Horror. Bei jeder gescheiterten Drehbewegung wurde ich wach. Es ist nämlich kaum möglich sich zu drehen, wenn man einen gefühlten zwanzig Kilo Gips an seinem Bein festgebunden bekommen hat. Was war ich froh als ich das Teufelsding los war. Und endlich wieder in Ruhe Nächte durchschlafen konnte. Nebenbei: ich habe während der ganzen Zeit gänzlich auf Schlafinduzierende Mittel verzichtet.

Die Klinik hatte einen Lokomaten. Nein, das ist keine überdimensionale Kaffeemaschine und auch keine Modelleisenbahn in H0. Das ist eine Art Laufroboter. Man wird in ein riesiges Gestell eingehängt, dabei muss man penibel darauf achten, dass der Sitzgurt im Schritt gut ausgepolstert wird, sonst scheuert es. Zuerst wird man dann hochgezogen. Das eigene Gewicht wird einem dabei abgenommen, dann werden die eigenen Beine an die Roboterbeine geschnallt. Und dann fängt die Maschine an zu laufen. Und zwar physiologisch richtig mit abrollen und allem. Man selbst schwebt noch und der Roboter wedelt mit den festgeschnallten Beinen in der Luft rum. Sobald sich ein Laufrhythmus einstellt wird man langsam heruntergelassen bis die eigenen Beine wieder das eigene Gewicht tragen. Das hört sich einfach genug an. Sie haben es sich aber wahrscheinlich schon gedacht. Der Teufel steckt im Detail. Diesen Laufrhythmus zu finden ist nicht einfach, wenn das linke Bein nicht anbeugen möchte. Der Lokomat stoppt automatisch wenn es zu viel Widerstand gibt, was bei meinem Bein häufiger der Fall war. Die Widerstandsschwelle kann man runterregeln, aber aus Sicherheitsgründen nicht zu weit. Ich will nicht dabei sein, wenn sich in dem Ding ein Bein verdreht und die Sicherheitskontrollen ausfallen. Knirsch, Knack, Brösel! Aber deutlich über die Hälfte aller Versuche gelangen so nach vier bis fünf Anläufen. Der Roboter lief dann mit mir auf der Stelle, oder vielmehr auf einem Laufband, einen guten Kilometer. Danach ist man total alle. Vor allem, weil man beim normalen Laufen unbemerkt Erholungspausen einbaut. Die gibt es beim Lokomaten einfach nicht. Man fühlt sich wie ein Hamster in einem Hamsterrad nur, dass dieses Rad einen Motor hat und vor einem wegrennt. Das Ding läuft gnaden- und pausenlos weiter und weiter, ohne Rücksicht auf das persönliche Befinden. Man kann wie bei einem Laufband die Geschwindigkeit regeln, trotzdem ist die Maschine gnadenlos. Ich habe mir dabei einige Blasen am linken Innenfuß eingefangen, weil die Innenrotation meines Fußes zu dem Zeitpunkt noch recht stark war.

Ich bin mir nicht sicher, ob der Lokomat von Vorteil für mich war, zum Nachteil war er nicht. Das Ganze wird gemacht, um das physiologisch richtige Gehen dem Hirn wieder einzuprägen. Und das geht am besten mit Wiederholungen. Aber ich glaube es war noch zu früh, um den vollen Nutzen dort raus zu ziehen.

Was richtig gut war, war das Motomed. Ein Fahrradpedal mit integriertem Motor, mit dem die Beine auch passiv bewegt und gebeugt wurden konnte. Man sollte mittreten, musste aber nicht. Das Gerät misst die Eigenleistung im Verhältnis zur Motorleistung, und man konnte daraus messen, wie viel Fortschritte an Kraft man im linken Bein gemacht hatte. Und das alles gemütlich im Sitzen aus dem Rollstuhl. Man konnte die Widerstandskraft und Geschwindigkeit einstellen. Tolles Gerät, iPod auf die Ohren und ab die Post!

Meine technische Ausstattung war vom Feinsten, ich hatte einen iPod Touch, ein siebzehnzoll Hochleistungs-Notebook von Samsung zum Arbeiten und Zocken. Ein etwas kleineres Netbook mit eingebautem 3G, also Mobilfunkkarte zum Surfen. Das iPad und iPhone kamen recht spät dazu und der Amazon Kindle noch später, fast schon zur Entlassung. Ach so, selbstredend einen Full HD LCD Fernseher (leistet seinen Dienst jetzt in der Küche) und einen Sony Bluray-Player. Leider war der Kabelempfang sehr bescheiden und rauschig.

Dann gab es noch Schwimmtraining, das habe ich gehasst. Es gibt nichts Schlimmeres für jemanden, der noch Gleichgewichtsprobleme hat und sich nicht auffangen kann wenn er fällt. Man hat ständig das Gefühl, dass man ertrinken muss wenn man umfällt. Auch wenn man im Wasser viel langsamer fällt und der Therapeut nur in Armeslänge von einem entfernt steht. Auf jeden Fall bedeutete das für mich Stress. Und wenn ich Stress habe geht der Tonus in die Höhe, und zwar sehr stark. Der Musculus quadriceps femoris, Oberschenkel vorne, läuft Amok und streckt das Bein, der Arm zieht sich nach oben denn, der Bizeps schlägt den Trizeps um Längen, und die Hand macht fast krampfartig eine Faust. Die komplette linke Seite macht auf Musculus Maximus Tonus. Und das schon bevor ich überhaupt im Wasser bin. Keine guten Voraussetzungen für Wassersport. Die Therapeuten haben dies auch ziemlich schnell bemerkt und „Schwimmen" zügig abgesetzt. Es soll Patienten geben, die dabei total entspannen können und im Wasser richtige Fortschritte machen. Ich gehöre auf keinen Fall dazu. Kann ja auch nicht alles klappen. Ich hatte damit einen Slot frei für andere Therapien, die mir mehr zusagten.

Irgendwann konnte ich kurze Strecken mit einer Unterarmgehstütze alleine zurücklegen, die meiste Zeit habe ich allerdings noch im Rollstuhl verbracht. Damals sagte man mir dauernd „hab Geduld." „Geduld" war übrigens mein persönliches Unwort des Jahres 2011, 2010 war „Kasse", 2012 ist noch nicht entschieden. Die übriggebliebenen zwei heißen Kandidaten sind „Rumpf" und „blaue Matte", aber noch ist das Rennen offen. „Rumpf" hat die Nase jedoch vorn.

An einem Wochenende, zirka 9 Monate nach der Blutung, waren wir im Auto unterwegs und kamen in die Nähe unserer Wohnung. Ich drängte meine Frau Mattea, einfach mal vorbei zu fahren. Zuerst müssen Sie wissen: ich war noch nicht wieder zuhause gewesen, denn unser Wohnungseingang ist im dritten Stock, ohne Fahrstuhl. Was meine Frau nicht wusste, ist dass ich nachts heimlich Treppensteigen geübt hatte. Schnell bevor Sie reagieren konnte, Schwuppdiwupp die drei Etagen hoch, klatschnass vor Anstrengung und fix und fertig oben angekommen, meine Frau stand da nur mit offenem Mund und wusste nicht wie ihr geschah. Als sie sich wieder im Griff hatte rief Sie ein Dutzend Leute an „sie mögen doch bitte schnell vorbei kommen, Tim ist wieder zuhause. War ein sehr netter Abend. Ich bin auch wieder runtergekommen (das hatte ich auch geübt) und am gleichen Abend wieder in die Klinik – mit einem breiten Grinsen im Gesicht.

Irgendwann haben wir ein Laufband anliefern lassen, damit ich nachmittags weiter trainieren konnte. Das hört sich alles an wie: Wow, total ehrgeizig, voller Elan, toller Drive, richtig was schaffen. Nach außen mag dies auch so gewirkt haben. In der Klinik habe ich immer noch den Ruf, sehr fleißig gewesen zu sein. In Wirklichkeit bin ich aber ein fauler Sack, den man dreimal treten musste bis was passiert. Ich versuche auch möglichst viel zu schummeln. Okay, ich hatte ja schon eingesehen und begriffen, dass ich was tun musste, um wieder auf die Beine zu kommen. Aber nachmittags war ich von der Therapie am Vormittag so erschossen, dass ich eigentlich nur noch schlafen wollte. Also haben meine Mutter und meine Frau das Zusatztraining auf nach der Siesta oder in die Abendstunden verlegt.

Heute, mit einigem Abstand betrachtet, war es insgesamt sicherlich gut so. Auch wenn der ständige Druck mich beinah in den Wahnsinn trieb, ich machte unglaublich schnell gewaltige Fortschritte. Die Siesta habe ich bis heute beibehalten, das Training nur bedingt.

Ein klassischer Tagesablauf in Geesthacht sah folgendermaßen aus: 7 Uhr, eine Schwester oder ein Wecker hat einen geweckt. Meistens der Wecker meines Mitinsassen, und das ziemlich früh.

Also hoch und Frühstück. Stopp, erst mal anziehen. Wenn das Bein einigermaßen in Form ist, bekam ich die Hose alleine an. In Form sein bedeutete, dass es sich ein wenig biegen lässt und nicht in der totalen Streckung (hoher Tonus) war. Falls das Bein vor dem Anziehen der Hose noch ein wenig weich war, wars danach garantiert gestreckt und mit hohem Tonus. Es hat lange gedauert, bis das Bein nicht immer mit totaler Streckung reagiert.

Das mit dem linken Bein passiert häufiger. Ich habe eine sehr stark Stress-gesteuerte Spastik, sorry, Stress-gesteuerten Tonus. Da reicht schon minimaler Druck. Gerade in der Anfangszeit hat es auch schon gereicht, wenn ich eine Hose anziehen wollte, einen Schuh, in den Rollstuhl wollte oder irgendeine andere Anforderung an mein Bein gestellt habe.

Es ist immer noch so, dass, wenn ich unter Stress stehe gar nichts mehr geht, und da reicht schon ungesichertes Stehen. Dann kann ich meinen Arm nicht strecken, die Hand macht Faust, die Finger kann man nur mit Gewalt strecken und mein Bein nicht beugen. Wenn ich sehr entspannt bin, zum Beispiel während meiner Siesta, beugt sich das Bein von alleine und der Arm liegt ganz entspannt rum, die Hand sogar offen. Wenn der Tonus hochschießt liefern sich Beuger und Strecker ein Tauziehen, dabei gewinnt natürlich der Stärkere. Der schwächere gibt auf und verkümmert mit der Zeit. Aber vor allem der stärkere Muskel nimmt intensiv an Kraft zu. Ein Teufelskreis. Umso weniger Chancen hat der schwächere beim nächsten Kraft-Test und so weiter. Ganz zu schweigen von den Bändern. Manche stehen unter Dauerstrom, werden fest wie Stahl und verkürzen durch das dicker werden. Andere dagegen werden vermeintlich nicht mehr gebraucht und verkürzen durch Mangel an Bewegung. Ein Großteil meiner Physiotherapie besteht darin, dieses zu korrigieren. Manchmal, vor allem beim Bänder dehnen, kann dieses höllisch wehtun. Ein Glück ist meine Schmerzgrenze recht hoch, und ich habe gelernt in den Schmerz „rein zu Atmen." Ist wie eine Art Meditation. Hilft aber wirklich.

Also, klassischerweise war das Bein zu steif, um danach die Schuhe anzuziehen, Also erst mal T-Shirt, vielleicht beruhigt sich das Bein dabei. Auch echt umständlich: rechte Hand durch den linken Ärmel von außen durch zum großen Loch unten, linke Hand mit der rechten Hand packen und mit den Zähnen das T-Shirt über den linken Arm ziehen. Von unten dann den rechten Arm durch den rechten Ärmel, Kopf durch, T-Shirt über die linke Schulter ziehen, zu recht ruckeln, fertig.

Nach dem Frühstück das Programm für einen typischen Tag: Physio, Hirnleistung, Mittach, Logo, Schwimmen.

Erst mal Physio, also runter in das untere Stockwerk zum Folterkeller. Der Bewegungsflur ist noch ohne Therapeuten, aber der Gang immer voller Rollateure, Unterarmgehstützer und Rollstuhlfahrer. Irgendwann folgt der Einmarsch der Therapeuten nach der Morgenbesprechung und Pärchen-Bildung, Therapeut sucht Patient, und andersrum. Ein heilloses Durcheinander.

Dann Hirnleistungstraining. Kognitive Leistung kann anstrengender sein als physische. Ich bekomme etwas tangramartiges als Aufgabe, nur in drei, nicht nur zwei Dimensionen. Dann Mittach. Ich beeile mich, denn ich hab beim Frühstück schon auf den Mittagsplan geschaut. Es gibt Germknödel. Lecker! Auf dem Weg ist ein Fahrstuhl nur für Rollstühle. Es stapeln sich regelrecht die Rollstuhl-Fahrstuhlfahrer davor: nur ein Rollstuhl pro Vorgang. Rein fahren, es hebt sich eine Barriere hinter einem, man fährt gaanz langsam die halbe Etage hoch, vor einem senkt sich eine Barriere ab, raus fahren, hinten anstellen bei der Essensausgabe. Ich bestelle gleich zwei Knödel. Damit ich mich nur ein zweites und nicht auch noch ein drittes Mal anstellen muss. Vier Germknödel waren kein Problem, ich scheitere immer am fünften.

Wenn ich schnell war, konnte ich mich noch eine halbe Stunde hinlegen. Also los! Schnell den Rolli-Fahrstuhl, gaanz langsam, nach unten und mit dem normalen Fahrstuhl hoch auf Station. Mit Glück liegt ein Zettel auf meinem Bett: Schwimmen fällt aus! Juhu, ich hasse Schwimmen wirklich. Dass es ausfällt, stört mich nicht die Bohne. Wahrscheinlich wieder ein Kleinkind eine undichte Windel gehabt. Glück für mich, Pech für das Reinigungs-Personal.

Also Wecker auf Countdown stellen. Halbe Stunde Füße hochlegen…Piep, piep, piep, Oha, Logopädie. Habe diesmal sogar geübt. Na gut, zum Glück hat mir meine Frau den doofen Korken den ganzen Abend zwischen die Zähne geklemmt. Und sich auch. Wir haben Wortspiele gespielt. Man einigt sich auf ein Thema, zum Beispiel Säugetiere. Person eins sagt Affe, nun muss der Gegenüber mit den letzten Buchstaben des Wortes ein neues Wort bilden, zum Beispiel Esel, dann Leopard, und so weiter. Man darf auch kein Wort wiederholen also Ente, Ente, Ente geht nicht! Geht auch schön mit Krankheiten. Ebola, Amöbenruhr, Rinderwahn …

Nach den Therapien ist Feierabend. Zurück aufs Zimmer und ab ins Bett, Siesta! Wecker auf Sieben, Abendbrot, ganz spartanisch und die Abend-Medis abholen. Kurz ins Badezimmer. Zähne putzen. Noch ein bisschen Fernsehen. Gute Nacht, bis Morgen.

Eines Morgens wachte ich auf und zwar nicht in meinem Bett in meinem Zimmer, Tony mein Zimmergenosse fehlte. Auch sein Bett? Haben die ihn über Nacht verlegt? Hat jemand die Decke über Nacht gestrichen? Gestern war sie noch rosa, heute weiß. Wohl nicht, so bekloppt ist keiner. Außerdem hatte ich eine Braunüle in meiner rechten Armbeuge, kein gutes Zeichen. Hmm. Mist, was nun? Erst mal klingeln, das hilft meistens. Hmm, neue Klingelart. AU! Ein Schmerz durchfuhr meine Zunge. Also Schwester kommt, kenne ich nicht. Ich kenne alle Schwestern in Geesthacht. Also nicht mehr in Geesthacht. Okay, was ist hier los? Die Schwester sagt: „Guten Morgen, Herr Herzberg. Sie sind im UKE, hatten einen schweren epileptischen Anfall. Sie sind hier im CT gewesen um eine erneute Blutung auszuschließen. Sie sind seit gestern hier und werden heute zurück nach Geesthacht gebracht. Bitte nicht an der Zunge herum spielen. Da haben Sie beim Krampfen drauf gebissen. Es fehlt nichts, aber man sieht deutlich Ihre Zahnabdrücke in Ihrer Zunge. Wird ein paar Tage wehtun. Spülen Sie dreimal täglich mit dieser Lösung." Na super, zu allem Überfluss jetzt auch noch Epileptiker. Geht denn gar kein Kelch an mir vorüber? Ich hatte meine erste (und bislang letzte) Grand Mal Seizure bekommen und zwar während ich mit meiner Frau telefonierte. Tony klingelte daraufhin, und die Schwestern fanden mich zappelnd und Blut prustend. Meine Frau behauptet immer noch, nie ist jemand die Strecke Altona-Geesthacht so schnell gefahren. Sie war fast so schnell wie der Krankenwagen, und der hatte nur fünf und nicht vierzig Kilometer! Aus dem Krampfen bin ich alleine nicht mehr rausgekommen.deshalb die Braunüle im Arm, ich brauchte Valium intravenös, um den Anfall zu beenden. Der CT-Scan war nur zur Sicherheit und unauffällig. Man vermutet, dass ich früher ein paar schwächere Anfälle hatte, aus denen ich alleine wieder raus gekommen bin. Die Nachtschwester war der Meinung, mich gelegentlich nachts krampfend gesehen zu haben. Können aber auch schlechte Träume gewesen sein. Merkwürdige unkontrollierbare Muskelzuckungen, die epileptischen Ursprungs sein könnten, hab ich häufiger, zwei bis dreimal täglich. Sind aber total harmlos. Auch epileptische Anfälle verlaufen meist harmlos. Nur das Hinfallen und das auf die Zunge beißen kann wehtun. Einfach die Person liegen lassen, gegebenenfalls Kopf polstern und unbedingt einen Notarzt rufen. Die stabile Seitenlage hilft, aber das bekommen Sie bei jemanden, der gerade krampft wahrscheinlich sowieso nicht hin. Vorausgesetzt Sie erinnern sich daran wie, ich kann es jedenfalls nicht. Aber ich bin inzwischen medikamentös gut eingestellt, und es sollte nichts mehr passieren. Es werden weiterhin regelmäßig EEGs gemacht, die bisher deutlich zeigen, dass zwar reichlich Narbengewebe vorhanden ist, aber keine Anzeichen für epileptische Aktivität. Außer ich trink Alkohol. Muss nicht, kann aber. Keppra, mein Antiepilleptikum, kann in Verbindung mit Alkohol sogar Anfälle auslösen, und auch Epilepsie und Alkohol sind generell keine gute Kombination. Doof. Das leckere Weinchen auf dem Balkon fällt also für die nächsten Jahre flach. Alkoholfreier Wein schmeckt furchtbar, lassen Sie bloß die Finger davon. Ist ja auch nur vergammelter traubensaft. Trinken Sie lieber eine Rhabarber-Schorle, schmeckt um vieles besser.

Welcher Kelch dann doch an mir vorüber ging, war die Depression, zumindest aus meiner Sicht. Ich hatte einfach keine. Was die Stationspsychologin partout nicht wahrhaben wollte. Sie konnte nicht glauben, dass jemand durch so ein krasses Geschehen ohne Depression oder nennenswertes Trauma herauskommt. Trotz aller Sitzungen. Der heult ja gar nicht, bestimmt unterdrückt er es... auch nicht gut, was der wohl noch alles verdrängt, der Ärmste. Sie wollten mich einfach nicht verstehen oder mir glauben, dass ich mich damit abgefunden hatte. Es gibt kein „Warum ich?", weil es darauf keine Antwort gibt. Shit happens, nun ist es mit mir passiert, Pech gehabt, das Beste draus machen und weiter im Text. Ja, das Leben ist schwerer und sicherlich auch komplizierter geworden. Und nun? Herum jammern und lamentieren bringen einen da nicht voran, das macht alles womöglich nur noch schlimmer. Und ich glaube nicht an Schicksal oder Vorherbestimmung oder Karma, göttliche Fügung oder wie auch immer Ihre bevorzugte Religion oder Glaubensrichtung das nennen mag. Aber das ist ein Fass, das ich an dieser Stelle nicht öffnen werde, vielleicht in meinem nächsten Buch. Hier ein kleiner Vorgeschmack: „Erleuchtung kann man nicht erreichen. Die Birne brennt schon die ganze Zeit". Da kauen Sie erst mal darauf rum. Ätsch! Mensch, das war ja schon fast Zen.

Trotz nicht vorhandener Depression. Sie verschrieben mir Antidepressiva, ein so genannter Serotoninwiederaufnahmehemmer. Serotonin ist ein Neurotransmitter. Er wird am synaptischen Spalt gebildet, überquert diesen und sagt auf der anderen Seite „Hey Leute. Party! Wooohuuu, alles cool! Lass uns Spaß haben, gebt die Message weiter!". Dann wird das Serotonin Molekül zerstört, damit man nicht den ganzen Tag mit einem breiten Grinsen im Gesicht herumläuft. Der Serotoninwiederaufnahmehemmer verhindert das Zerstören. Zwar nicht vollständig, sonst hätte man wieder dies Sonnyboy-grinse-Problem. Aber je nach Dosierung genug. Ergebnis ist also ein Überschuss an gut gelaunten Neurotransmittern im Hirn, die die positive Nebenwirkung haben, dass die Synapsenbildung merklich gesteigert wird. Kann ich gut verstehen, ich entwickle mich auch viel besser in eine Party- als in einer „Keiner hat mich lieb"-Umgebung. Letztendlich heben sie die Stimmung leicht und sorgen für eine schnellere Neuverknüpfung von Neuronen. Kann nicht schaden ist mein Motto. Und Synapsenbildung kann ich grade ziemlich gut gebrauchen, denn mir fehlt etwa das Volumen einer Aprikose an Hirnmasse, die unwiederbringlich verloren gegangen ist. Nun müssen andere Bereiche des Hirns das fehlende übernehmen. Glauben Sie mir, neue Synapsen zu bilden liegt bei mir voll im Trend! Und wo wir gerade bei Medikamenten sind, ich bekomme noch 10mg/Tag Baclofen, ein Muskel-Relaxanz um die Spastik zu regulieren (Ärzte sagen lieber erhöhter Tonus oder auf Ärztisch: Hypertonie, Spastik ist so negativ vorbelastet. Hab ich aber kein Problem mit, nennt mich gerne „Spasti", komm ich mit klar.). Baclofen ist ein leider müde machendes Valium-Derivat und 1500mg/Tag Keppra, mein Antiepilleptikum. Noch so eine Cashcow-Aus-Nebenwirkung-Geschichte der Pharmakonzerne, wie auch Viagra. Viagra war als Blutdruckheber konzipiert, und zum Erstaunen aller hob sich was ganz anderes. Wie das funktioniert, weiß man inzwischen ziemlich gut. Bei Keppra sieht das anders aus. Keppra kommt ursprünglich aus dem Bereich der Antidepressiva, war dort ziemlich erfolglos, nur hatten die Probanden keine epileptischen Anfälle mehr. Man weiß bis heute nicht, wie es genau funktioniert. Das tut es aber gut und zwar ohne Nebenwirkungen. Zumindest bei mir.

Lustigste Nebenwirkung wäre, verdammt nochmal, ein erhöhtes, ich leg euch alle um, Ihr Schweine! Aggressionspotenzial. Alles Arschlöcher! Stimmungsschwankungen können auch auftreten, mein über alles geschätzter liebenswürdiger Leser. Aber nichts dergleichen, alles gut. Keine Spur von Wesensveränderungen. Und zuletzt noch 40 mg/Tag Cipramil, mein Antidepressiva. Hinzu kommen noch diverse, ich nenne sie mal neutral, Nahrungsergänzungsmittel von Elsa, meiner Mutter, die zu allem Überfluss noch mit einen sehr nettem Heilpraktiker zusammen ist (Danke fürs Perforieren, Michael). Von Lachs-Öl über Spirulina, zu Kräuterblut bis exotische, extra aus den U.S.A. importierte Schlangengifte war alles dabei. Es ging mir jedenfalls nicht schlechter dabei und, wer weiß, vielleicht hat es meine Heilung ja doch auch beschleunigt. Neurologische Erkrankungen sind leider sehr schwer messbar. Es funktioniert leider nicht so wie bei "Scrubs:" „Leukozyten Zahl ist wieder im Normbereich. Patient wird entlassen!" Wir Neuros sind leider Opfer der Subjektivität. Ach so, und außerdem bekomme ich ungefähr vierteljährlich 150 bis 200 Einheiten Botox gespritzt.

Erst mal noch was zum Botox. Das kann ich so, ohne Erklärung, nicht stehen lassen. Sonst bekommen Sie von mir noch einen falschen Eindruck. Eine Einheit Botox reicht für etwa zwei Faltenbehandlungen, und so viele Falten hab ich (noch) nicht. Botox ist schon seit Jahrzehnten ein probates Mittel zur Spastikregulierung. Botox zerstört die Rezeptoren im synaptischen Spalt, was zur Folge hat, dass der Muskeltonus schwächer wird. Sind moderne Neurotoxine nicht toll? Die Rezeptoren wachsen innerhalb eines halben Jahres wieder nach und im Idealfall gesund, also ohne Spastik. Klappt nicht immer, aber bei meiner Wade schon. Die Innenrotation am linken Fuß ist vollständig weg. Meine ersten Botox Behandlungen fanden in meinem Zimmer statt und Mensch war ich nervös! Dabei wird eine sehr dünne Kanüle verwendet, die gleichzeitig als Elektrode fungiert. Die Kanüle wird in den Muskel gepiekt, zu meinem Glück merke ich auf der betroffenen linken Seite nicht allzu viel. In Ausnahmefällen kann sich so eine Hemiparese ganz nützlich machen. Dann kommt der „Knatter-Kasten" zum Einsatz. Die Elektrode ist an einem Verstärker angeschlossen, der die elektrische Aktivität im Muskel hörbar macht. Ein gesunder, ruhender Muskel macht überhaupt kein Geräusch, nichts, kein Ton, absolute Stille. Ein Muskel mit hohem Tonus macht ein tosendes Höllen-Gewitter, weißes Rauschen. Somit weiß man, dass man an der richtigen Stelle ist. Neuerdings wird parallel ergänzend noch ein Ultraschall gemacht. Somit hat man eine so hohe Auflösung, dass ein erfahrener Neurologe einzelne Fingergelenke beziehungsweise deren Muskeln erwischen kann. Danke Doc. Nolte. Ich komm wieder, und wieder…

In Geesthacht habe ich furchtbar viele nette Leute kennengelernt. Auch noch viele tolle und wirklich furchtbar nette Schwestern und Manfred, den Pfleger.

Gibt es eigentlich in jeder Klinik einen Manfred? Gibt es so etwas wie eine Manfred-Quote? Ich hab in all meinen Kliniken eine hundertprozentige Trefferquote. Zahlt man wie bei Behinderten auch eine Strafe, wenn man keinen Manfred als Pfleger eingestellt hat? Vielleicht unterwandern ja auch Manfreds die Kliniken in einem ersten Schritt eines langfristigen, geheimen und perfiden Plans zur Erringung der Weltherrschaft. Erst die Kliniken, dann die Welt! Oh, mein Gott. Vielleicht ist es nicht der erste Schritt und andere Institutionen sind schon längst unter Manfred-Kontrolle. Jetzt hab ich den Plan aufgedeckt und muss mich mein Leben lang vor der Rache der Manfreds in Acht nehmen! Wer weiß, wozu die imstande sind. Ich verlange Personenschutz! Nach dem endgültigen Tod der „Manta-Manie" in den Neunzigern musste man(fred) sich wohl anderen Dingen zuwenden. Und wenn man schon so ein großes Netzwerk hat, warum dann nicht Synergien nutzen und sich etwas Größerem widmen. Ich bin übrigens nicht empfänglich für Verschwörungstheorien. Sagt mir immerzu der kleine

Chip in meinem Kopf. Ach nein, das war ja ein Clip. Oder? Vielleicht hab ich deshalb die letzten MRT-Daten nur niedrig aufgelöst bekommen... Beware of the Manfreds!

Auch waren da, also in Geesthacht, wirklich fähige Therapeuten, vor allem die Ergotherapeuten/-innen und Logopädinnen. Zungenrolle geht wieder Janna (ich kann aber immer noch nicht gut pfeifen). Deshalb fange ich zum Training mit dem Kornett an, das ist auch viel lauter und trainiert den Ringmuskel genauso gut. Der Arm macht weiter Fortschritte, Udo, vor allem die Schulter durch die vermehrte Rumpfarbeit. Die Hand halte ich geschmeidig. Und ich hoffe, es gibt bald wieder Aufkleber auf der Tür, Ulli. Grüße auch an alle Physiotherapeuten/-innen, ich hasse Schwimmen immer noch, Karsten. Anja, keiner hat mir den Schritt so angenehm ausgepolstert wie du... Und Danke auch an den netten Sozialdienst, der sich um viel Behördliches gekümmert hat, ohne dass ich davon viel mitbekommen hätte. Bitte unterschreiben Sie hier, hier und hier (ich warte immer noch auf meine gekauften Waschmaschinen. Das Geld hab ich schon überwiesen), während ich mich voll auf meine Reha konzentrieren konnte. Und natürlich die komplette Ärzteschaft und selbstredend alle anderen, deren Hilfe ich genießen durfte, aber am meisten und besonders: Schwester Juliane, meiner heimlichen platonischen Liebe.

Noch ein Vorteil der Klinik in Geesthacht ist die Phase E. Nur eine Handvoll Kliniken in Deutschland bieten die Phase E überhaupt an. Ich hole zur Erklärung aus. Es gibt einen so genannten Barthel-Index. Dies ist ein Fragenkatalog zur Bestimmung der Selbstständigkeit. X Punkte für „Kann alleine auf Klo und sich wieder saubermachen." Y Punkte für „schafft den Transfer selbständig aus dem Rollstuhl ins Bett." Je mehr Punkte, desto selbständiger. Um dieses recht einfache Prinzip (0 = vollkommen unselbständig, 100 = vollkommen selbständig.) für das ohnehin schon überforderte Beamtenhirn „zugänglicher" zu machen, werden bei neurologischen Patienten die Punkte noch in Rehabilitations-Phasen unterteilt. Phasen A bis F (A = Akutbehandlung, Intensivstation, B = Frührehabilitation, Barthel-Index < 25, C = weiterführende Rehabilitation weitgehend pflegebedürftig, Barthel-Index 30-65, D = weitgehend selbstständig, Barthel-Index 70-100, E = Nachsorge und berufliche Wiedereingliederung, Barthel-Index 100+, F = aktivierende Langzeit-Behandlungspflege, Barthel-Index egal).

Geesthacht macht also berufliche Wiedereingliederung. Will ich haben! Findet die Rentenkasse nicht. Keine Phase E. Entlassung wollte zu diesem Zeitpunkt keiner, am aller wenigsten ich, machte kognitiv grade richtig gute Fortschritte.

Kranken- und Rentenkasse haben einen eigenen Absatz verdient. Die Krankheit ist beschissen genug, aber die Behörden setzten einen drauf. Ich verlier immer noch schnell und nachhaltig den Überblick bei diesem Hick-Hack. Die Krankenkasse hatte früh keine Lust mehr, und sie haben den Vorgang an die Rentenkasse übergeben. Es kam dann doch eine Bewilligung zur Reha für ein paar Wochen. Wenn in der Zeit keine deutliche Verbesserung eintritt, wird es mit einer Verlängerung schon schwierig. Weil: lohnt sich ja nicht.

Dann kam relativ schnell die Aufforderung zur Berentung. Patienten über dreißig bekommen eine, natürlich befristete, Erwerbsminderungsrente (Rente ist deutlich günstiger als Reha), und für Patienten jenseits der fünfundsechzig ändert sich eh nichts. Diese bekommen einfach ihre volle Altersrente weiter.

Ich hatte allerdings vor, wieder komplett auf die Beine zu kommen und kein Pflegefall zu bleiben. Ich brauchte also weiterhin effektive Reha und das nicht zu knapp. Phase C wurde noch in Eilbek beantragt (ich war noch Phase B).

Sobald die Aufforderung zur Berentung von der Rentenkasse kam, in der auch erklärt wurde, dass sich eine weitere Reha nicht lohnt, musste also Widerspruch eingelegt werden. Das hat sich gezogen und auf Widerspruch folgte Widerspruch, obwohl es eigentlich gar nicht mehr ging. Man darf in einem Vorgang nicht beliebig oft widersprechen. Danach muss man aufgeben und das „Urteil" hinnehmen oder vor Gericht ziehen. Hätte man ein Business-Case draus gemacht und die weiteren Kosten gegen weitere dreißig Jahre, bei der aktuellen Renteneintrittsalter-Diskussion eher vierzig Jahre Rentenbeiträge aufgewogen... nun gut. Aber so langfristig denkt wohl keiner bei den Kassen. „Hauptsache nicht aus meinem Topf!" Irgendwann war es dann soweit, ein kleiner Teilerfolg. Ich „durfte" zu einem von der Rentenkasse bestellten Gutachter. Der sollte nun ein Gutachten erstellen, ob weiter Reha oder Rente. Aber zuerst musste ich dort hin. Ins Auto hab ich es geschafft. Richtig spannend und herausfordernd wurde dann der Treppenaufstieg in den ersten Stock. Welcher Sadist kommt eigentlich auf die Idee, einen schwerst gehbehinderten Rollstuhlfahrer zu einem Gutachter zu schicken, der im ersten Stock residiert? Die Rentenkasse wusste über meinen Zustand ziemlich gut Bescheid. Sollte sie zumindest, bei all den Arzt-Berichten und Gutachten die angefordert wurden. Oder hat die etwa keiner gelesen? Und dann auch noch zu allem Überfluss eine ziemlich schlecht beleuchtete, enge Altbau-Treppe mit Kurve und Handlauf auf der falschen Seite. Ich glaub' immer noch, reine Schikane, um den Patienten zu zermürben:

Termin nicht wahrgenommen, abgelehnt! Nicht mit mir! Oben angekommen dann nicht „Wie kommen Sie mit der Behinderung klar?" oder „Wie läuft die Physiotherapie?", sondern „Wie ist das Verhältnis zu Ihrer Mutter? Was sind sieben Mal dreizehn? Was ist ein Schaltjahr?" in einem Stakkato, bei dem er selbst kaum Zeit hatte Atem zu holen. Letzteres konnte ich ziemlich genau erklären mit dem Sonnenjahr, das 365 und ein Viertel Tage lang ist, und sich deshalb alle vier Jahre … Na, Sie wissen schon. Wir haben noch das obligatorische Elektroenzephalogramm (EEG) gemacht.

Letztendlich hatte ich anscheinend bestanden. Reha weiter bewilligt! Aber Überraschung, nicht in der Reha-Einrichtung (Geesthacht), in der ich mich bereits seit Monaten ohne Kostendeckung befand, sondern nach Soltau oder Plau am See. Vor allem dem Hörensagen nach einer auf ältere Menschen zugeschnittenen Reha, die schnell berenten. Nichts gegen Rentner, ich bin selbst ein halber. Ich hab auch nichts gegen solche Kliniken. Die sind gut und sinnvoll, nur nicht für meinen speziellen Fall. Auf jeden Fall bedienen sie die größere Zielgruppe, ich bin statistisch gesehen eine winzige Minderheit.

Also wieder Widerspruch, wieder abgelehnt, ein Jammertal. Letztendlich konnte ich in Geesthacht bleiben, allerdings nicht wegen, sondern trotz der Rentenkasse.

Die Klinik in Geesthacht ist für Jugendliche und junge Erwachsene. Hey, ich war erst vierunddreißig und trotzdem fast der älteste Insasse. Aber dort war es viel erbaulicher als in Eilbek. Lauter junge Leute, die mehr oder minder Bock haben, doch noch ihre Krankheit zu besiegen oder zumindest das Beste draus zu machen!

Also, zurück zur Phase E, der beruflichen Wiedereingliederung. Wie bereits gesagt: ich will, die Kasse nicht. Also Verlängern wir D bis nicht mehr geht, in der Zwischenzeit E beantragen, Ablehnen lassen. Widerspruch einlegen, D Verlängerung erneut verlängern, Ablehnen lassen, Widerspruch einlegen und so weiter.

Bis dahin hat die Rentenkasse so viele Formfehler gemacht hat, Fristen überschritten und dergleichen Mist gebaut, das der Helios-Verband oder die Klinik-Leitung mir eine Garantie zur Kostenübernahme gegeben hat und ich die Phase E beenden konnte. Cool. Natürlich mit der Erwartungshaltung, dass ich die Phase erfolgreich abschließe. Hatte ich aber sowieso vor, und die Klinik sich das Geld auf rechtlichem Wege bei der Rentenkasse wiederholt, viel Erfolg! Freudensprünge, Flickflacks und dergleichen, zumindest geistig.

Also doch berufliche Wiedereingliederung. Man kauft sich an einem freien Wochenende ein Notebook.

Inzwischen hatte mein Barthel-Index ja wie beschrieben solche Höhen erreicht, dass ich am Wochenende aus der Klinik raus durfte. Musste aber schön Sonntagabend wieder „Zuhause", also in der Klinik sein.

Ich kaufte also ein Notebook, ließ mir Software und Material zum Layouten per CD in die Klinik schicken und ging ans Werk. Mit einer Zwölf-Tasten-Maus und einem nagelneuen Grafiktablett als Hilfsmittel fing ich an, wieder an Artikel zu layouten. Mein Gesichtsfeldausfall machte mir Anfangs ziemlich zu schaffen.Mit der Zeit lernte ich, das Ganze viel besser zu kompensieren und es wurde immer weniger bemerkbar. Allerdings hab ich jetzt auch noch mal „schlechte" Tage, wo der Gesichtsfeldausfall stört. Mit Puzzle-Seiten hab ich immer noch meine Probleme. Kognitiv, ich verlier schnell mal den Überblick und lass nicht genug Platz für das, was noch kommt. Aber auch dies wird immer besser. Üben, üben, üben. Zuerst altes Material, das schon erschienen war. Danach zeitlich entspanntes „Live"-Material, wovon einiges sogar gedruckt wurde. Das schönste davon war das Kinderbuch „Hasi ist weg". Ein Buch über Jonas und seiner Suche nach seinem geliebten, verlorenen Stoffhasen. Sub-Thema: Verlustängste und Verlustbewältigung, wie passend. Meine Stations-Psychologin war mit die erste, die ein Exemplar bekam. Ist aber toll illustriert und es gibt ein „fast" Happy End. Nach dieser

Einarbeitungsphase in der Klinik wurde ich zuerst zwei, dann drei, dann fünf Tage die Woche per Rollstuhl-Taxe morgens von vor der Klinik abgeholt und zur Arbeit gefahren.

In mein altes Büro mit den gleichen alten Spinnern. Viele neue Gesichter und ein paar alte fehlten. Keiner ist unersetzbar, so spielt das Leben. Nach am Anfang drei, dann vier Stunden getaner Arbeit ging es mit der Rollstuhl-Taxe wieder zurück in die Klinik zum Mittagessen und einer wohlverdienten Siesta. Zurück in der Firma kam dann die richtige Wiedereingliederung. Und das geht folgendermaßen: man bekommt von der Klinik einen Wiedereingliederungs-Beauftragten zugewiesen, der die Formalitäten mit einer neuen oder halt der alten Firma regeln soll. Was für Umbaumaßnahmen müssen getätigt werden, damit der Delinquent es gemütlich hat, aufs Klo gehen kann, an die Kaffeemaschine ran kommt; steht der Monitor hoch genug und im richtigen Winkel. All solche wichtigen Fragen.

Ich hatte das große Glück, wieder in meine alte Firma zurückzukehren. Was total unüblich ist. Normalerweise wartet die Firma nicht fast zwei Jahre Abwesenheit durch Krankschreibung und Reha ab, sondern kündigt früher oder später aus verschiedensten Gründen. Meistens früher.

Vielen Dank an SM und TW an dieser Stelle. Ich war während des ganzen Spektakels angestellt und konnte somit wie in ein paar alte bequeme Schuhe langsam wieder rein rutschen. In Wahrheit rutsche ich da immer noch rein, ich bin noch lange nicht an mein altes Tempo wieder ran. Zuerst kam ich in mein altes Einzel-Büro. Aber dort wurde mir ziemlich schnell langweilig, und ich zog um ins Großraumbüro zu den anderen Grafikern. Dort ist es viel lustiger, aber auch anstrengender. Ich war noch nie wirklich die Quatschtüte gewesen, besteche eher durch gut pointierte Kommentare aus dem Off und eine echte Gruppendynamik strengt mich immer noch an. Wie Ihnen vielleicht schon aufgefallen ist, gehe ich recht offensiv mit meiner Krankheit um und nicht jeder ist ausreichend gewappnet, um damit umzugehen. Ich nenne mich selbst den „Quotenbehinderten." Und das ist noch einer meiner harmloseren Floskeln. Ich nehme nicht unbedingt Rücksicht auf zartere Gemüter. Aber alle meine Kollegen sind sehr rücksichtsvoll, hilfsbereit und geduldig. Meine Kreativität ist mir zum Glück erhalten geblieben. Manche gehen damit sehr gut um: „Falls du unterm Tisch liegst und zappelst ist das also nicht mehr normal?"

5. Alltag Zuhause

Da war ich also wieder stubenrein, kannte meinen Einhand-Rollstuhl in- und auswendig, konnte kurze Strecken am Stock gehen, und viel wichtiger, ich konnte inzwischen richtig gut Treppen steigen und war dabei, beruflich wieder erfolgreich eingegliedert zu werden.

Also ab nach Hause. Das lief natürlich auch nicht holperfrei ohne behördliche Steine im Weg ab. Aus irgendwelchen Gründen fehlten und hingen bestimmte Anträge bei verschiedenen Stellen (ja, auch Rente). Außerdem brauchten meine Frau und ich erst mal dringend Urlaub. Nebenbei, Kreuzfahrtschiffe sind erstaunlich behindertengerecht. Liegt vor allem wahrscheinlich daran, das die Hauptzielgruppe ältere Mitmenschen sind. Eines noch, lassen Sie sich, falls es soweit kommt, unbedingt einen faltbaren Rollstuhl verpassen. Egal, auch wenn er als viel schwerer verschmäht wird. Sie sitzen meistens drauf und nicht drunter. Ein faltbarer Rollstuhl hat einen sehr wichtigen logistischen Vorteil: Er ist faltbar! Man kann ihn viel leichter in Auto, Flugzeug, Kreuzfahrtschiffkabine, Zugabteil, Mondfähre und dergleichen mitnehmen. Gerade auf U-Booten herrscht auch akuter Platzmangel. Die nicht-faltbaren Rollstühle können manchmal ganz schön sperrig sein. Mein Rollstuhl ist nicht faltbar. Was auch daran liegt, das er ein Einhandrollstuhl ist. Da meine linke Hand nicht mitspielt, muss ich beide Räder mit rechts antreiben. Auf der rechten Seite des Rollstuhls hat er zwei Triebräder, das äußere treibt ganz normal das rechte Rad das innere über eine Achse das linke. Man kann zum Transportieren die Achse entfernen, und die Räder komplett demontieren. Aber das ist uns meistens zu aufwändig. Es gibt auch faltbare Einhandrollstühle. Aber diese Information hat man mir vorenthalten bis ich meinen hatte.

Die Krankenkasse wird mir in meinen wildesten Träumen keinen Neuen, geschweige denn einen zweiten genehmigen.

Alles eigentlich kein Thema, außer dass ich bis zum Wiedereinstieg in meinen Beruf auch nicht krankenversichert war (da noch irgendwelche Anträge irgendwo zwischen Integration und Klinik und Rentenkasse hingen). Die einzige Lösung war mein Berufsleben vorzuziehen,. Mein Arbeitgeber hat mich sofort wieder bei der Sozialversicherung angemeldet – auf Grundlage des alten Vertrags. Danke dafür.

Blieb nur noch eine Frage: wie komme ich zur Arbeit. Bis dahin wurde ich von einem Rollstuhl-Taxi, bezahlt durch die Phase E, abgeholt. Keine Klinik mehr, hieß auch das Ende der Phase E. Und damit brach auch der Kostenträger für die Rollstuhltaxen weg. Der öffentliche Personennahverkehr war noch eine Nummer zu heftig, Rangeleien beim Einsteigen hätte ich nicht überlebt, geschweige denn den Kampf mit den älteren Damen um den einzig verbliebenen Behindertensitz. Es ging darum: Entweder Taser, Machete oder Breitschwert zu kaufen (Stockdegen sind durch das Waffengesetz leider verboten, verborgene Waffe oder so ähnlich. Schade, das wär natürlich cool gewesen.ehlen nur noch das Cape und ein schicker breitkrempiger Hut mit Feder und, nö, hohe Stiefel mit Klett sehen albern aus und Strumpfhosen gehen überhaupt nicht. Die Idee des „Rächers der echten Behinderten" muss ich wohl aus modischen Gründen ad acta legen.) Als einzige andere Möglichkeit blieb, den Kampf mit der Rentenkasse wieder aufzunehmen. Man sollte sich, wenn man die Wahl hat, immer einen Gegner aussuchen, den man kennt, ist strategisch effektiver. Man kennt die Schwächen des Gegners, hat Erfahrungen aus früheren Auseinandersetzungen und so weiter. Aber vor allem machten mir die älteren Damen mehr Angst, viel zu unberechenbar. Die schlagen immer blitzschnell aus dem Hinterhalt zu, und sind meistens mit Stock und dazu noch mit Schwerhörigkeit bewaffnet. Und dagegen ist immer noch kein Kraut gewachsen. Formidable Gegner! Für diesen Kampf bin ich noch nicht bereit. Aber eines Tages werde ich kommen und den Bus erobern. Hiermit seid ihr gewarnt, Omis!

Der erste Antrag auf Beförderungspauschale wurde zu unserer Überraschung abgelehnt bevor die angeforderten Unterlagen da sein konnten. Richtig, Antrag gestellt, Rückantwort der Rentenversicherung: „Bitte reichen Sie zur Bearbeitung ihres Falles noch folgende notwendigen Unterlagen nach!", Zack! Am nächsten Morgen lag die Ablehnung im Briefkasten. Die „notwendigen" Unterlagen konnte sich noch keiner angeschaut haben, die lagen nämlich noch auf dem Küchentisch. Die Rentenkasse lernt auch dazu und hatte eine neue Strategie ausprobiert, wie erfrischend! Mal was ganz neues! Aber auch nur eine leicht durchschaubare Einschüchterungstaktik. Nur nicht aus der Ruhe bringen lassen. Da hilft dann nur hartnäckig und ein sprichwörtlicher Stachel in der Seite bleiben. Meine Frau ist allerdings immer noch traumatisiert, wenn Post von irgendeiner behördlichen Stelle eintrudelt. Wen wundert es, neunzig Prozent Ablehnung, oder Kürzung oder sonst was Negatives. Inzwischen wäre sie aber auch eine sehr gute Anwältin im Sozialrecht. Letztens kam dann doch mal was Positives.Meine Rente wurde erhöht und zwar um sagenhafte zwanzig Cent, und zwar im Monat! Da kann ich mir ja einen Kinder-Riegel mehr kaufen. Pro Jahr versteht sich. Die Einzigen die cool, aber etwas trocken, reagiert haben waren die Jungs und Mädels von meiner Berufsunfähigkeit: „Endlich mal ein klarer Fall" war der Kommentar. Ich vermute, die haben es sonst nur mit Burn-outs, Depressionen und ähnlichen subjektiven, schwer zu diagnostizierenden Krankheiten zu tun. Bei mir gab es eine eindeutige organische Ursache. Also schickten sie meiner Frau ein etwa zwei Zentimeter dickes Pamphlet zum Ausfüllen, und danach haben die sich nur zur Verlängerung gemeldet. Sie zahlen munter bis heute. Holt euch sofort eine Berufsunfähigkeitsversicherung, am besten schon Gestern, kein Witz. Sie haben keine? Dann laufen Sie sofort zu dem Versicherungsvertreter Ihres Vertrauens und holen Sie sich eine. Sofort, los, jetzt! Zurück zur Beförderungspauschale: Telefonische Nachfragen an anderer Stelle der Rentenkasse: Durchwahlen hatten wir genug gesammelt, um jedem in der komplette Rentenversicherung persönliche Visitenkarten ausstellen zu können. „Tja, Frau Herzberg. Mit der Fahrtkostenpauschale können wir leider nichts machen, aber, wir könnten ihrem Mann eine persönliche Assistentin zur Verfügung stellen. Die kann zum Beispiel Ausdrucke aus dem Drucker oder Kaffee holen." Meine Frau musste sich extrem zusammenreißen um nicht durchs Telefon zu greifen und die Dame zu erwürgen. Für mich sind gerade diese kurzen Strecken immer noch sinnvolle und wertvolle Therapie und eine Assistentin wäre total kontraindiziert. Meine Frau konterte mit: „Wenn wir auf die verzichten, kriegen wir dann die Beförderungspauschale?" Irgendjemand in der Kasse konnte anscheinend rechnen, denn dann ging es ganz schnell: bewilligt für immerhin ein Jahr (geht doch!). Schade eigentlich, ich hätte gerne so eine niedliche kleine Brünette unter meinem Befehl gehabt. Ahhh, jetzt verstehe ich auch warum meine Frau so einen Aufstand machte!

Inzwischen ist das Alltägliche zum Training geworden. Ich bekomme aber alles irgendwie hin. Jeder Gang zur Toilette, inzwischen freihändig, ist Arbeit. Mehr Gewicht nach links rüber verlagern, linkes Knie leicht anbeugen, beim Durchschwingen vom rechten Bein das Gewicht auf dem linken Bein halten, aufs saubere Abrollen achten. Nächster Schritt.

Ich habe letztens probiert von der Ergotherapie nach Hause zu laufen. Das hätte auch fast geklappt, wenn das Wetter nicht umgeschlagen wäre und ich völlig unerwartet im Schneeregen gestanden hätte. Aber von nix kommt nix. Ich habe dann meine Frau aus einer Telefonkonferenz rausgeklingelt und sie hat mich keine dreihundert Meter vorm Ziel mit dem Auto aufgesammelt. Ärgerlich, aber doch irgendwie trotzdem befriedigend, aber vor allem war es nass und kalt. Petrus fand wohl, dass ich noch nicht so weit bin.

Sitzen, Arbeit für den Rumpf, weil möglichst gerade, linke Seite strecken, Brust raus aber ohne Hohlkreuz! Mich mit mehr als einer Person unterhalten ist immer noch eine kognitive Herausforderung, auf die Intonation achten, nicht nuscheln. Die jeweils sprechende Person gegebenenfalls interessiert anschauen. Eventuelle vorkommende Störgeräusche als solche auch erkennen und ausblenden. Nicht ablenken lassen! Versuchen Sie mal Folgendes: Denken Sie bei Ihrer nächsten Unterhaltung mal die ganze Zeit über bewusst an was Banales, sagen wir Ihren rechten großen Zeh, wie weich ist die Socke. Bekommen Sie die Socke zwischen großem Zeh und zweitem Zeh zu fassen? Wann muss der Zehennagel wieder geschnitten werden, bewegen ihn mal nach links, nach rechts, nach oben, drückt der Schuh von vorne? Und interessantes Gespräch gehabt? Beim Verfassen dieses Textes musste ich auch immer wieder nach links schauen ob nicht im Gesichtsfeldausfall links ein Fehler hängen geblieben ist. Aber man gewöhnt sich dran. Üben, üben, üben! Der typische Nordeuropäer ist es gewohnt, das Auge von links nach rechts wandern zu lassen, anders herum zu schauen fühlt sich so falsch an. Die armen Araber. Es ist erstaunlich, wie viele alltägliche, scheinbar einfache Tätigkeiten bei genauerer Betrachtung höchst komplex werden. Natürlich muss ich nicht alles vollkommen bewusst vonstatten gehen lassen. Irgendwann setzt auch bei mir eine unbewusste Routine ein. Aber bei jeder neuen Aufgabe muss ich erst mal schauen: bekommt man das einhändig hin? Kann ich stattdessen mit meinem rechten Knie oder mit den Zähnen helfen, muss dafür mein linkes Bein angewinkelt werden? Kann ichdas im Stehen oder lohnt es sich, einen Sitzvorgang einzuleiten? Dann versucht man es, und meistens scheitert man beim ersten Mal. „Trial and Error." Ob es beim dritten oder siebten Mal klappt ist irrelevant. Hauptsache vorankommen, in welchem Tempo ist doch scheißegal. Man darf dabei aber nicht den Mut verlieren oder aufgeben. Man sollte es aber zu mindestens ehrlich versucht haben. und zwar mehrfach in verschiedenen Variationen. Sonst bescheißt man sich selbst. Immer wieder den Prozess optimieren, mit der Zeit wird's leichter und irgendwann zur Routine. Die Selbstständigkeit wiederzuerlangen ist ein mühsamer, langwieriger und auch sehr anstrengender Prozess, aber es lohnt sich. Wie befreiend und befriedigend ist es, wieder alleine duschen zu können und nicht mehr gewaschen werden zu müssen. Auch kleine Fortschritte summieren sich zu größeren. Man hat alles selbst in der Hand. Und wer aufgibt ist feige. Sonst muss man ja irgendwann die Dosis Serotoninwiederaufnahmehemmer erhöhen, um mal wieder grinsen zu können. Und das wäre ja doof.

Denn jede Pille weniger muss immer noch als kleiner Sieg über die Krankheit betrachtet und gefeiert werden!

Es gibt aber auch verschiedene Dinge die nicht mehr gehen. Wenn ich umfalle, dann komme ich alleine nicht wieder hoch, dann brauche ich Hilfe. Damit habe ich mich abgefunden. Dann muss man in den sauren Apfel beißen und um Hilfe bitten. Das tut keiner gerne, aber verdammt noch mal: Ich bin hundert Prozent schwerbehindert (einer von im Jahr 2009 1.766.049 in Deutschland) und wer, wenn nicht ich, hat das Recht dazu? Die meisten Mitmenschen helfen gerne, wenn man freundlich bittet und sich ehrlich bedankt. Die, die nicht helfen wollen, meistens keine Zeit oder Angst haben, was falsch zu machen, kann ich auch nicht mehr retten, die tun mir meistens nur leid.

Was auch erstaunlich ist: Rollstuhlfahrer sind immer unschuldig. Man rollt an einem Freitagnachmittag gemütlich durch die Europa Passage. Und fährt irgendjemandem aus Versehen in die Hacken. Derjenige dreht sich dann blitzschnell um, mit einem Blick, der töten könnte. Dieser Blick schmilzt dahin, verwandelt sich entweder in Überraschung oder Schock um und es kommt in neunzig Prozent der Fälle zu einer Art „Entschuldigung." obwohl die Person nichts aber auch rein gar nichts dafür konnte. Versuchen Sie auch nie, und ich Widerhole NIE, als Gehbehinderter an einem Sommer- oder Winter-

Schlussverkauf-Start oder an einem Samstag mit oder ohne Rollstuhl bei Karstadt oder Peek & Cloppenburg einzukaufen. Mit einem Rollstuhl kommt man nirgends durch, und ohne wird man von Schnäppchenjägern umgerannt. Die Mitmenschen sind so auf die Ware fixiert, dass sie alles andere um sich herum vergessen. Das Gleiche gilt für Flohmärkte. Ich bin früher gern auf Flohmärkte gegangen und fand das Gewusel ganz anregend. Heute ist es nahezu unmöglich, an interessante Stände ranzukommen, da diese Menschen genauso im Schnäppchenjäger-Modus sind und einen Tunnelblick bekommen. Das ist die so genannte SSV-Manie, eine der vielen Unterarten der Aufmerksamkeits-Defizits-/Einkaufsstörung (ADES), Kleptomanie ist eine andere Ausprägungsform dergleichen. Die armen Betroffenen schauen nur auf die Ware und nicht nach links oder rechts, geschweige denn nach hinten oder sogar nach vorne. Zum Glück ist mein Rollstuhl recht massiv, ich wäre sonst einige Male niedergetrampelt worden... Ich habe auch schon an rotierende Messer oder NATO-Draht an der Vorderkante des Rollstuhls gedacht. Oder ein Nebelhorn zur Warnung: „Platz da, jetzt komme ich! BAAAHÜÜÜÜÜÜÜÜ!"

Der Tonus in Arm wie Bein ist nach wie vor hoch. Versuchen Sie mal Folgendes: Strecken Sie einen Arm im Neunziggradwinkel zum Körper aus. Tun Sie so, als würden Sie nach einem Flaschenhals greifen, der gerade außer Reichweite ist, aber Sie wollen die Flasche wirklich!

Strecken Sie Ihren Arm noch mal drei Zentimeter weiter aus, nochmal zwei. Halten! Jetzt beugen Sie den Arm leicht. Dabei aber die Spannung in den Muskeln, die die Streckung hervorrufen, halten. Versuchen Sie gleichzeitig, eine Beugung zu erreichen und halten mit den Streckmuskeln dagegen. Erzeugen Sie ein Gleichgewicht zwischen Streckern und Beugern, so dass der Arm gerade bleibt und es nicht anstrengend wird, aber fast. Ganz auf der Kippe! So ich hab noch was vergessen, machen Sie jetzt noch eine Faust mit dem gleichen Arm. Schön fest. Hier können Sie Vollgas geben. So und jetzt halten. Nur eine Minute lang. Holen Sie notfalls die Eieruhr aus der Küche und nehmen Sie sich die Zeit… Ganz schön anstrengend nicht wahr? Nun, ich mach das seit halb Sieben heute Morgen. Jeden Tag, seit mittlerweile fast drei Jahren. Hinzu kommt noch das linke Bein und die seitliche Rumpfmuskulatur.Der Brustmuskel ist grad frisch gebotoxt und mag grad nicht mitspielen, den Rücken hab ich weitgehend im Griff. Da kann ich nur sagen: Ausdauersport ist doch ein Witz!

Ich denke, jetzt verstehen Sie mich ein wenig besser und warum ich mich jeden Tag auf meine Siesta freue. Oh, was war die Klinik doch für eine schöne, heile, in Watte gepackte Welt. Und doch ziehe ich die doch deutlich aufregendere und schönere wenn auch knallharte, kalte und grausame Realität jederzeit vor! Der Mensch wächst an seinen Herausforderungen, wir Neuros doppelt so viel.

Aber ich mach auch Fortschritte. Das linke Knie fängt langsam an, sich aktiv zu beugen und ich emanzipiere mich langsam von meinem Stock, inzwischen der dritte Typ. Anfangen tut man mit einer Unterarmgehstütze (UAGST), sagen Sie Nie, Nie, Nimmer, Nie, „Krücke". Von Physiotherapeuten (übrigens auch als Physio-Terroristen bekannt) erntet man dann den Bösen Blick und wird von einem Menschen zu einem niederen Tier herabgestuft. Einen fiesen Kommentar wie, „die Krücke hängt doch zwischen den Beinen", bekommt man auch noch ab. Es ist immer eine Unterarmgehstütze. Auch wenn der Volksmund anderes behauptet. Den Rollator, der normalerweise nach der UAGST kommt, habe ich übersprungen, denn zum Führen eines Rollators braucht man zwei funktionierende Arme, und die habe ich nicht. Der zweite Stock war ein Gehstock, in meinem Fall ein „Sauer" mit Ebenholz-Schaft und Sterling-Silberknauf, bekannt als „der Alte Fritz." Beide Stocktypen wurden jetzt von meinen Therapeuten verboten. Angeblich „hänge" ich mich zu sehr in den Stock, was meiner Wirbelsäule nicht gut tat. Zuviel Gewicht auf der rechten Hand, physiologisch total falsch. Sie verpassten mir einen Nordic-Walking-Stock, der mich zwar gerader werden ließ, aber meine Laufstrecke von fast einem Kilometer auf lächerliche hundert Meter zusammenstauchte. Es ist halt viel anstrengender, das Gewicht nur auf beide Füße und nicht noch auf einen Stock zu verteilen, in den man sich schön angenehm rein lehnen kann. Das ist übrigens des Therapeuten liebste Arbeit: kaum hat man sich an eine neue Anstrengung gewöhnt, zermartern die sich regelrecht den Kopf, um sich was um Größenordnungen Schwierigeres und Gemeineres einfallen zu lassen. Natürlich nur, um uns arme Patienten zu quälen. Ja, ich sehe es ja ein, aber mal unter uns: Ihr seid doch nur Terrorpeuten geworden, um legal foltern zu dürfen. Dieses „ich will nur anderen armen Mitmenschen helfen"-Getue ist doch nur raffinierte Fassade, um Frauen aufzureißen. Ich kenne auch schon die Antwort: „Ihr kommt alle freiwillig." Und ihr habt ja Recht. Durch die durch „schwere körperliche Folter" erzielte Stabilität und Agilität wird man leider gerne mal übermütig und unvorsichtig und fällt gelegentlich mal um. Obwohl man mir das ebenso verboten hatte. Der letzte Fall: Einfach nur die Taxitür zugeworfen mit ein bisschen zu viel Elan. Elegante aber ungewollte Pirouette und plumps auf den Hintern! Ich breche mir auch mal was dabei. Zuletzt einen Knochen der Mittelhand. Für die, die damit was anfangen können: eine Metacarpale IV-Kopffraktur. Auch bekannt unter dem Namen Schläger-, Boxer- oder Idioten-Bruch. Muss ich in Zukunft meine berufliche Ausrichtung ändern, vielleicht sogar kriminell werden und eine Laufbahn als Schläger oder Boxer einschlagen, um meinem Ruf gerecht zu werden? Nicht, dass ich noch als Idiot ende.

Aber mein Rumpf stabilisiert sich, ich bin viel aufrechter geworden. Ich fange Beinahe-Stürze in achtundneunzig Prozent der Fälle mit einer Rumpfgegenbewegung ab. Dreimal die Woche Ergotherapie, zweimal Physiotherapie gehen nicht spurlos an einem vorüber. Wo gehobelt wird fallen Späne, und manchmal halt auch Patienten.

Dazu kommt noch an jedem Wochenende eine Dreiviertelstunde Hippotherapie, auf unserem lieben und treuen, wenn auch etwas verfressenem Islandpferd Kolskœr. Aber nur wenn es nicht regnet. Ich bleibe dabei und beharre darauf, Schönwetterreiter zu sein. Um ehrlich zu sein, ich beharre darauf, gar kein Reiter zu sein, denn ich sitze ja nur drauf. Obwohl ich langsam rechts wie links mit Schenkeldruck eine Biegung des Pferdes einzuleiten versuche. Ich bilde mir ein, dass es gelegentlich sogar funktioniert. Am besten dann, wenn das Pferd sowieso um die Kurve muss, weil es sonst gegen den Zaun laufen würde. Und nein, auch wenn Wikipedia (Wikipedia: Reiten ist eine Fortbewegungsart des Menschen auf dem Rücken eines Tieres.) behauptet das wäre schon Reiten, wirke ich für mein Gefühl noch nicht genug auf das Pferd ein, um das Reiten nennen zu dürfen. Mein Pferd wird geführt und nicht geritten. Nur drauf zu sitzen ist auch schlimm genug. Ist für den Rumpf so ziemlich das anstrengendste was es gibt, zumindest was ich so erfahren durfte. Ich will nicht ausschließen, dass es noch „wirksamere" Therapieformen gibt. Das Pferd ist konstant in Bewegung, schwingt die ganze Zeit von links nach rechts von hinten nach vorn und ich muss die ganze Zeit mit meiner Rücken- und Rumpfmuskulatur ausgleichen und die Haltung korrigieren. Am Anfang war ich schon nach zehn Minuten so ausgepowert, das wir abbrechen mussten, inzwischen macht das Pferd vor mir schlapp. Meine Frau – langjährige, begeisterte Reiterin – fragt gelegentlich „Macht es dir denn auch Spaß?" Ich antworte meistens mit „nicht so richtig." Nicht falsch verstehen, auf dem Pferd sitzen und das ganze Drumherum ist toll, aber schwere körperliche Arbeit bleibt schwere körperliche Arbeit, und zurzeit ist es das noch. Ich freue mich wirklich aufs Ausreiten wenn ich dazu in der Lage bin. Sie fragen sich wahrscheinlich: „Wie, zum Teufel, kommt er da rauf?" Kann kaum laufen und dann so etwas. Zum einen sind Islandpferde deutlich gedrungener und dadurch stabiler als Großpferde gleicher Größe, unseres hat ein Stockmaß von hundertdreiundvierzig Zentimeter. Was für eine Isländer-Stute schon recht stattlich ist. Islandpferde sind zwar kleiner, dafür aber Gewichtsträger und robuster. Sie bleiben das ganze Jahr über draußen. Und dann haben die Lieben vom Hof mir noch eine Art Podest gebaut, an dem ich hochklettern kann. Alles ist machbar. Fast.

Die linke Hand ist und bleibt ein Sorgenkind, eines der Sachen, die noch überhaupt nicht so funktionieren wie ich will. Aber ich hab ja noch unendlich viel Zeit. Die von einem sich weit aus dem Fenster lehnenden Neurologen prognostizierten zehn Jahre sind noch lang nicht herum. Ich werde wohl nicht mehr Klavier spielen können, aber das hatte ich ehrlich gesagt auch gar nicht vor. Vielleicht wird es was mit dem Kornett, eine kompaktere und dadurch leichtere Trompete, die Amazon neulich geliefert hat. Das Kornett kann man auch einhändig spielen.

Ansonsten hör ich eine meiner inzwischen über vierhundert Jazz-Platten. Ich setze mich grade mit den neuen Skandinaviern auseinander. Ist mir aber ein bisschen viel Elektronik dabei, zu „Ambient." Ich bin da mehr auf analoger Wellenlänge unterwegs, Coltrane, Horace Silver und Stanley Turrentine. Miles Davis mag ich nicht so, der spielt mir zu schrill. Besser ist Louis Armstrong. Und ich hab einen Mützen-Tick entwickelt, hätte ich früher nie im Traum getragen. Vielleicht liegt es auch am Alter und langsam ergrauendem Haar. Vielleicht werde ich auch exzentrisch. Ich weiß es nicht.

Erwähnenswert finde ich noch, dass ich in der Zeit in Eilbek und Geesthacht keine Würstchen mehr mochte. Diese Zeit war für mich sehr verwirrend. Zum Glück habe ich diese doch recht merkwürdige Phobie inzwischen erfolgreich überwunden und Würstchen gehören wieder zu meinen bevorzugten Grundnahrungsmitteln. Kaffee übrigens auch, zuerst als Gegenmittel zum Baclofen gedacht, habe ich inzwischen Geschmack an dem Gesöff gefunden und gehe morgens nicht mehr ohne doppelten Espresso aus dem Haus. Wir haben uns sogar einen Kaffeevollautomaten geleistet. Der ist inzwischen fast so wichtig wie die Spülmaschine.

Ich sage immer, ich bin entschleunigt worden.Was mir ganz gut gefällt, denn man bekommt viel mehr von der ganzen doch recht schönen Szenerie mit, wenn man sich Zeit lässt und nicht so schnell durchs Leben hetzt. Man achtet viel mehr auf die Details. Außerdem hätte mein Großvater gesagt „all'ns het s'in tied". Und er hatte immer Recht.

Was für manche Mitmenschen schwer zu verstehen ist, ist das ein Teil von mir in der Nacht zum 11.10.2009 gestorben ist. Das ist nicht schlimm, der Rest kann recht gut kompensieren. Und was weg ist, ist halt weg. Aber es ist doch was unwiderruflich verloren gegangen. Mal schauen, was sich noch alles bergen lässt. Es gibt bis dahin stattdessen einen runderneuerten, um einige Erfahrungen reicheren Tim, der sich im Wesen kaum verändert hat. Ich bin vielleicht ein bisschen morbider geworden. Ich finde, das darf man nach einigen Nah-Tod-Erfahrungen auch sein. Aber wie ich eingangs sagte: mir geht es super!

So. Da bin ich jetzt, halber Rentner, halbes Hirn kaputt, halbseitig spastisch gelähmt, links nur das halbe Gefühl. Ungefähr die Hälfte meiner zu erwartenden Lebenserwartung hinter mich gebracht und ein halber Job. Aber das Glas ist nicht halb leer, sondern halb voll! Falls ich irgendwann mal diese Geschichte niederschreiben sollte, wird der Titel „Halbe Sachen!"

Nochmals Danke an:

Wellhausen & Marquardt Medien, Physiosport HanSa. Ergoteam Ottensen, MPM GmbH, HELIOS Klinik Geesthacht, Schön Klinik Hamburg Eilbek, Universitäts Klinikum Hamburg Eppendorf und all deren Mitarbeiter.

Disclaimer:

Alle in diesem Text vorkommenden medizinischen, Erklärungen, Meinungen und Ansichten entstanden alle aus Recherchen, Schlussfolgerungen und Beobachtungen eines schwer Hirngeschädigten und sollten daher nicht allzu ernst genommen werden, und schon gar nicht wörtlich!